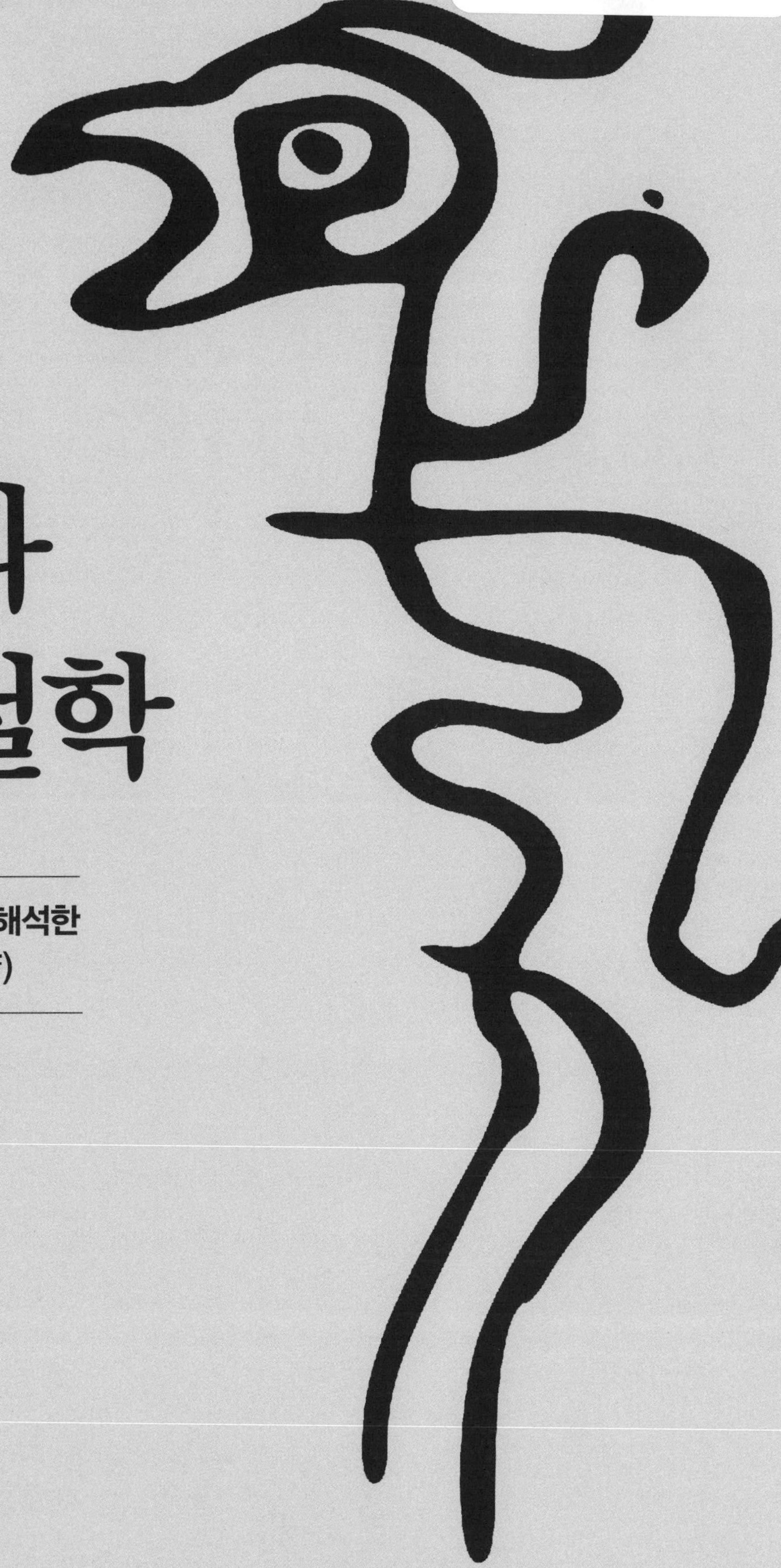

성경과 동양철학

고문상서(古文尙書)로 해석한
대학(大學)과 중용(中庸)

박운택 지음

엘림북스

성경과 동양철학

고문상서(古文尙書)로 해석한 대학(大學)과 중용(中庸)

엘림북스는 목회자와 연구자 그리고 평신도들의 의미 있는 기록들을 전문적으로 출판하는 세움북스의 임프린트입니다.

성경과 동양철학

고문상서(古文尙書)로 해석한 대학(大學)과 중용(中庸)

초판 1쇄 인쇄 2023년 6월 10일
초판 1쇄 발행 2023년 6월 15일

지은이 | 박운택
펴낸이 | 강인구

펴낸곳 | 엘림북스
등 록 | 제2014-000144호
주 소 | 서울시 종로구 대학로 19 한국기독교회관 1010호
전 화 | 02-3144-3500
이메일 | holy-77@daum.net

디자인 | 참디자인

ISBN 979-11-91715-81-1 (03230)

프롤로그

갑골문과 금문 그리고 피카소

오래전 바르셀로나를 여행할 기회가 생겼다. 이틀이라는 짧은 일정 속에서 피카소 미술관을 둘러봤다. 92세의 나이로 세상을 뜰 때까지 피카소(1881 −1973)가 남긴 수많은 작품 가운데 4,000여 작품을 시대별로 전시하고 있었다. 주로 피카소의 청색시대(1901−1904) 작품들이었다. 입체파의 선구 작품 (아비뇽의 아가씨들'Les Demoiselles d'Avignon 1907) 이 보이지 않아 못내 아쉬웠다.

입체파라는, 물상의 해체를 회화에 도입하기 몇 해전 1899년, 중국에서 발견된 갑골문은 중국 뿐 아니라 세계적 반향을 일으켰다. 전설상으로만 알려진 상나라의 유물과 문자들이 은허지방에서 대량 출토되고 1900년대 들어서자 유럽까지 갑골문과 금문관련 기사들이 넘쳐났다.

젊은 미술학도들은 수 천년 전 그림문자에 적지 않은 충격을 받았다. 고대의 그림문자는 복잡한 형상의 사물들을 지극히 단순화시킨 문자로 어린아이가 그린 그림 같았다.

> 내가 다섯 살 때 그림을 그리기 시작하여 라파엘로처럼 그림을 그리기까지는 4년이 걸렸지만 어린아이처럼 그리는 데는 평생이 걸렸다. - 파블로 피카소

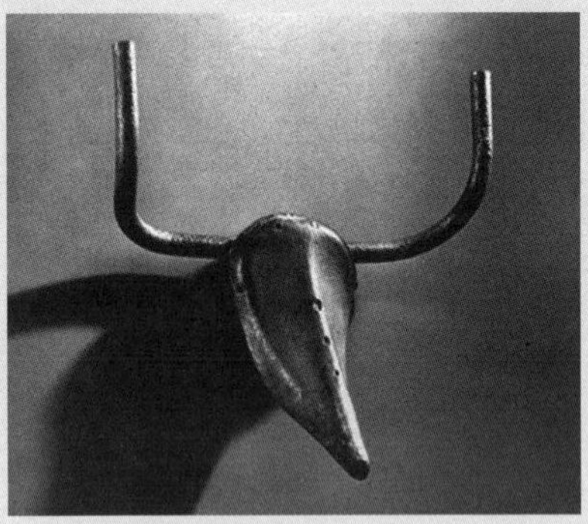

피카소 1943년 작 황소대가리

낡은 자전거 핸들과 안장으로 만들어진 피카소의 '황소대가리'가 갑골문의 소 牛 글자에서 영감을 받았는지는 알 수 없다. 그러나 그가 말년에 회고한 내용으로 미루어 짐작할 수 있다.

> 내가 중국인으로 태어났더라면 화가가 아닌 시인이 되었을 것이다. 나는 그림을 '쓰고'싶다.-피카소

갑골문 소 우(牛)

디자인을 공부하고 싶다는 큰놈이 열세살이 될 무렵 아빠 책상에 프린트 돼있는 고문자 그림을 보더니 "이 그림은 수탉 아녀요?"했다. 어지럽게 널려 있는 프린트 더미에 빠져 있던 나는 "네 눈에도 수탉으로 보이냐?"되물었다.

"예, 늠름한 수탉 벼슬과 조류 가운데 수탉만이 가지고 있다는 며느리발톱…" 녀석은 그림을 지적하며 빙그레 웃었다.

수 천년간 행방이 묘연한 '과두문자'를 추적하던 중, 갑골문과 금문으로 '대학'을 해석하고나서 '중용' 해석을 앞두고 주저하고 있었다. 동양학문 중에서 가장 어렵다는 중용이 과연 갑골문과 금문 몇 글자로 해석될 수 있을까…

큰 녀석이 수탉 그림을 단박에 알아본 것에 용기를 얻은 나는 과감히 나의 가설, 곧 '갑골문과 금문이 과두문자의 원형이다.'라는 가설과 함께 앞으로 밝혀질 중용의 미래를 몇 몇 지인들에게 발표했다. 그 예측이 빗나가는 순간 내가 매달려왔던 수 십년의 공부는 헛일이 될 것이었다.

[대학]이 '신이 세상을 만든 목적'과 '제사의 의미'를 설명한 것이라면 [중용]은 '제사 장소 및 제사장과 관련한 것'이 될 것이다.'

그 이후 이 가설을 증명하기 위한 기나긴 여정을 시작했다. 10여 년간의 홀로 걷던 여정을 통해 중용의 내용이 내 예측과 맞아 떨어졌을 때, 내가 세운 가설의 출발이 되는 '과두문자의 원형은 갑골문과 금문이다.'또한 자동으로 증명되었다. 이 순간, 공자가 말한 '아침에 도 들으면 저녁에 죽어도 좋다(朝聞道 夕死可矣) 는 깨침'의 기분을 실감했다. '진리는 무엇인가' 라는 인간만이 가질 수 있는 궁금증이 한순간에 뚫렸다. 고문자 해독이라는 짧지 않은 내 여정이 '수 천년 넘게 걸어온 조상들의 길에서 과히 벗어나지 않았구나' 하는 안도감도 밀려왔다.

본디 이 책은 영국에서 태어난 아이들에게 한글을 가르치다가 한자 교육 없이는 한국어를 배울 수 없다는 생각에서 시작되었다. 어린아이도 이해할 수 있는 수준으로 2-30자의 갑골문과 금문 풀이를 불과 서너 시간만 듣게 되면 그 어렵고 모호한 동양철학의 핵심을 이해할 수 있게 되는 것이다. 한자를 전혀 모르는 사람이라도 그림을 통한 상상력이 부족하지 않다면 동양철학의 기초를 이루고 있는 '대학'과 '중용'을 어렵지 않게 풀어낼 수 있는 결과를 내 가설은 실증했다.

내가 걸어온, 사라진 과두문자 추적의 첫 모험의 결과를 조심스럽게 내놓는다. 어느 누구도 밟은 적이 없는 길이라 참조하거나 물어볼 사람이 없었다. 인문학의 길은 학문의 족보가 가장 중요함에도 어리석음을 벗지 못한 필자의 학문적 일천함으로 인해 스승조차 만나지 못했다. 문자해석의 첫 출발은 편견에서 벗어난 시각을 유지해야 한다는 것이다. 전통과 권위는 과감한 상상력 발휘를 억누르는 가장 큰 장애물이다. 다행히도 필자의 학문적 무족보가 편견에 빠지지 않게 하는 상상력의 가장 큰 힘이 되었다.

현재와 과거 사이를 흐르는 역사의 강폭이 아무리 넓다 해도 편견을 벗어난 상상력의 크기에 따라 극복될 수 있다. 그러한 편견의 강을 뛰어넘을 수 있도록 나만의 상상력을 자극시켜준 수많은 분들께 일일이 감사의 말을 전하지 못함에 죄송하게 생각한다. 그 중에 한 분인 Richard Sears 선생이 평생에 걸쳐 정리해둔 갑골문과 금문 사진자료가 없었다면 내 모험의 길은 쉽지 않았을 것이다. 방대한 중국 한자 자료들을 데이터 베이스화 한 중국 정부와 문자학을 연구하는 많은 대선배들께도 깊은 감사를 전한다. 이 모든 과정과 결과물은 하늘에 계신 그 분의 계획임을 밝힌다.

2023 03 13

계묘년 삼월 열 사흘 朴必立 쓰다

목차

제2편
갑골문과 금문, 그리고 과두문자

제2부 대학과 중용 · 79

에필로그 · 113

제1편

문자의 시작

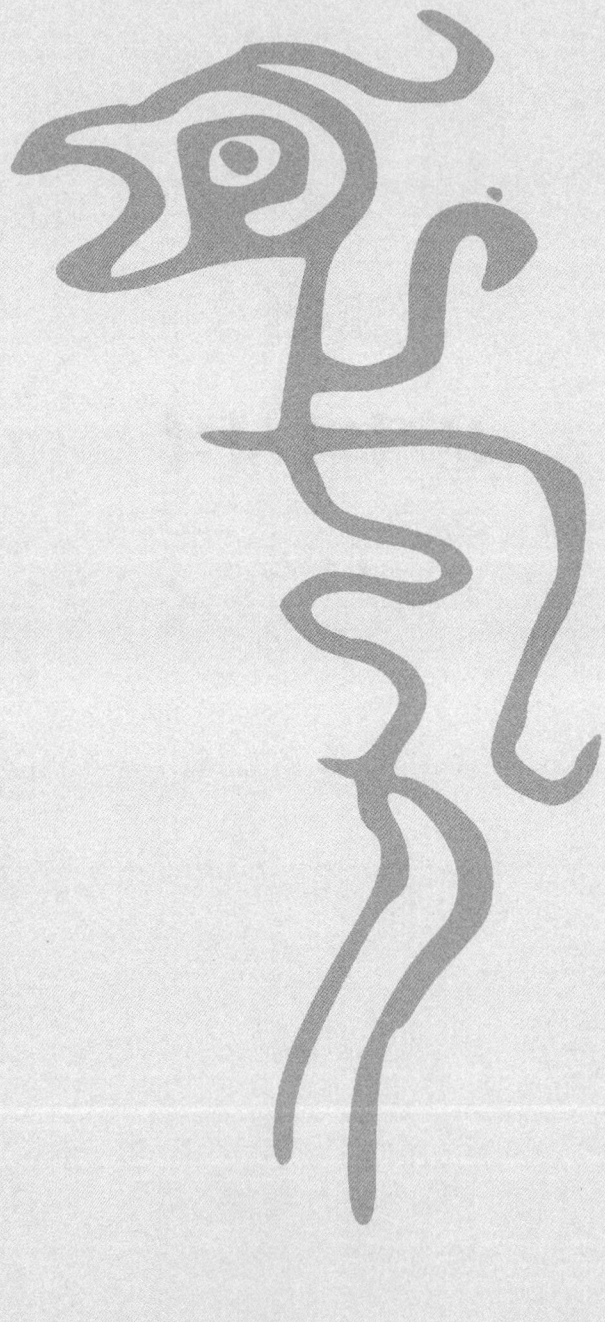

제1부
문자의 시작인 창(戈)

문자 이전에 그림이 있었다.

세계에서 가장 오래된 고래사냥을 표현한 반구대 암각화 200여 점의 그림 대부분은 선사시대 사람들의 주 관심사인 동물이었다. 알타미라 동굴 벽화 또한 그 주제는 사냥 대상인 동물이 주인공이었다.

이렇게 그려넣은 동물 그림 앞에서 원시 부족들은 그들의 사냥감인 동물을 많이 잡게 해달라는 소원을 비는 행위들이 자연스럽게 행해졌을 것이다. 제사의 시작이었다. 사냥대상인 동물만 그려졌다면 그 그림은 원시인들의 단순한 그림 그리는 행위에 머물렀겠기만 원시인들은 그 그림속에 인간과 사냥 도구로 사용되던 창을 그려 넣었다. 인간과 함께 인간이 만든 도구가 그림속에 등장한 것은 원시 문자의 태동이라 할 것이다.

반구대 암각화 중심 암면 < 울산대학교 반구대연구소>

알타미라 동굴벽화

선사시대에서 역사시대로 넘어오며 소원을 빌었던 제사 또한 그 표현이 구체화되었고 한정된 지역에서 사냥감을 두고 원시 부족들 간의 갈등은 피할 수 없었다. 그들의 사냥 도구였던 창이 사람과의 싸움에서 무기로 진화하기 시작했다. 사냥용 창에서 부족의 우두머리를 나타내는 수탉과 그 수탉의 발전인 왕에 이르기까지 인류의 문자는 그림에 그 기원을 두고 있다.

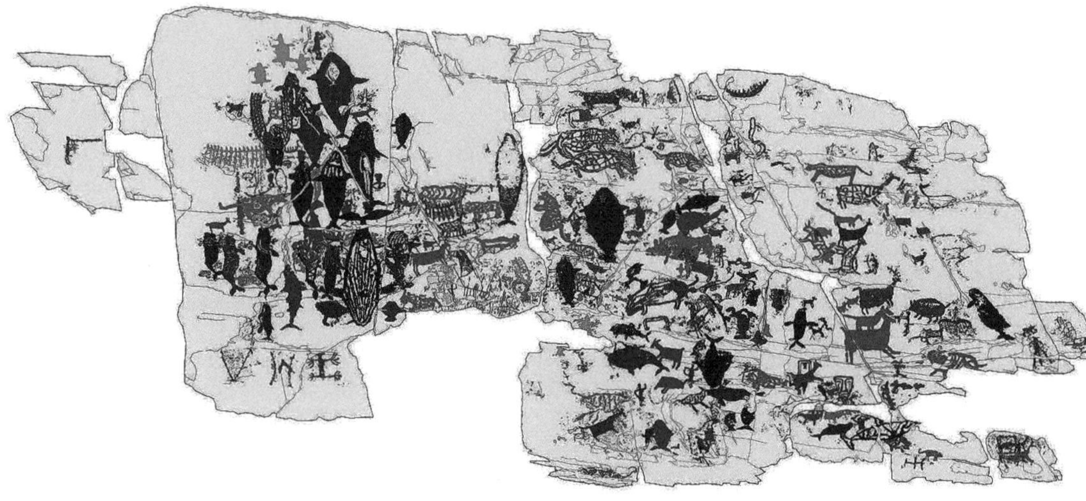

반구대 암각화 중심 암면 <울산대학교 반구대연구소>

정착시대인 농경생활이 시작되기 전, 이동을 중심으로 한 채집경제에 의존했던 원시부족들은 그들의 부족을 유지하기 위한 일정규모의 채집활동을 할 수 있는 터전이 필요했다. 넓이가 한정된 목초지 혹은 사냥터에서 새로 등장하는 부족들은 협력의 대상이 아닌, 생존에 위협을 주는 대상이었다.

목초지를 따라 이동하거나 사냥감을 찾는 것에 생명이 달린 원시 부족들에게 목초지, 사냥감 그리고 사람과 가축에게 마실 물을 제공하는 우물은 그들 삶의 가장 중요한 근본 요소였다. 한정된 자원을 두고 이들과 다른 부족과의 생존을 위한 갈등은 피할 수 없었다. 부족의 규모가 거대해질수록 갈등은 싸움에서 전투로 변해갔다. 이들 부족 간의 전투에서 초기 무기는 나뭇가지를 뾰족하게 창(戈)으로 만든 것이었다. 인류의 역사는 전쟁에서 시작되었다고 볼 수 있는 대목이다.

허신은 문자 또한 한 일(一)로 시작한다고 보았다. 따라서 그는 설문해자의 첫 글자로 한 일이라는 글자를 풀이했다.

惟初太始, 道立於一, 造分天地, 化成萬物. 凡一之屬皆从一.

'처음의 태극'이다. 도는 一(하나, 일)에서 확립되어 천지를 만들어 나누고 모든 것을 변화시켜 이룬다.

동양학에서 최고의 권위를 잃지 않고 있는 허신의 설문해자는 AD 100년에 출판되었으나 갑골문이 발견된 것은 그 후 거의 2천년이 가까이 되는 AD1899년이었다. 동양이든 서양이든 인문학의 출발은 문자에 대한 뿌리 추적에서 시작된다. 허신의 설문해자는 철학적 사고로 문자 해석을 하고 있으나 철학 이전에 하늘에 드리는 제사가 있었다.

유목민들에게 가장 중요했던 불씨의 보존과 물을 제공했던 샘은 공동체가 목숨 걸고 지켜야 했던 삶의 근본이었다. 허신이 문자의 시작으로 본 태극 또한 불과 물의 형상으로 봐야 한다. 불과 물을 구체화한 그림이 양(陽)과 음(陰) 이라는 동양철학의 시작이라 할 수 있는 태극 사상으로 자리를 잡은 것으로 유추될 수 있다.

재료에 따라 달리지는 의미

똑 같은 창이라는 글자가 점술로 사용된 갑골(소 뼈나 거북껍질)에 기록되었다면 그 뜻은 '싸움에서 이길 것인가? 질 것인가? 를 묻는 미래 시제이고 청동기에 기록된 창의 글자는 '싸움에서 이겼다.'라는 과거 시제로 해석돼야 한다. 갑골문이 먼저 생기고 금문이 나중에 생긴 것이 아니다. 왕 혹은 대제사장이 통치하던 청동시대에 들어서서야 문자는 사용되었다. 문명의 시작이다.

1. 창과(戈)의 갑골문자(Oracle characters)

전쟁을 해야 하는가를 묻다 - 골문자는 금문에 비해 단순한 형태이다.

전쟁을 해야 하는가를 묻다

구석기에서 신석기 시대로 접어들며 부족집단의 규모가 커지기 시작했다. 그만큼 채집이나 사냥으로 다수의 무리들이 먹을 수 있는 식량이 필요했다. 부족 구성원의 규모가 커짐에 따라 필요 식량의 증가로 인해 이웃 부족과의 갈등 또한 심해졌다. 급기야 이들의 갈등은 대규모 전투로 변하기 사직하였다. 청동기가 등장함에 따라 전투 무기도 발전했으며 그 결과 채집 장소나 사냥터를 두고 벌였던 소규모 전투는 전 부족이 참여하는 대규모 전쟁 양상을 띠게 되었다.

문자의 시작이 창이라는 글자에서 시작됐다고 하나 창이라는 갑골문자는 단순히 나뭇가지로 만들어진 전쟁용 무기를 그린 것이 아니다. 대부분의 갑골문은 앞으로 있을 싸움에서 이길 것인가? 패할 것인가를 묻는 점술이었다. 점술은 묻는 내용이 구체적일 수록 점사(占辭)의 신뢰도가 높아진다. 그 싸움의 규모 및 싸움의 우두머리, 싸움 장소, 싸움 날짜, 싸움에 동원되는 병사 수까지 포함된다면 그런 뜻을 의미하는 글자 또한 필요로 했다. 심지어 적의 상세한 정보가 점술에 포함된다면 그 점사에 대한 신뢰도는 더욱 높아졌다. 자신들이 원치 않는 점사가 나왔을 때 거듭해서 점을 봤던 이유도 여기에 있다. 여러 정보를 새로 입력하고 입력된 정보 가운데 틀린 것을 바로잡아 새로운 점을 보았다. 현대 컴퓨터 예측프로그램을 가동하는 방법과 흡사했다.

그 싸움의 결과를 기록했던 청동문에서는 가능한 구체적 내용을 기록했다. 과거 전쟁 기록의 전리품 품목에서 청동의 양을 빠지지 않고 기입했던 이유도 전쟁무기 재료의 취득뿐만 아니라 청동제기를 만들어 신에게 감사 제사를 올릴 때 사용해야 했기 때문이다. 청동 제기를 만들었다는 것은 조상 아무개가 누구누구와 싸움에서 승리했다는 기록을 후손들에게 자랑하고 싶은, 인간 본연의 욕망이 깔려 있다. 대규모 신당이나 제사에 사용되는 엄청난 크기의 제기 제작에는 그 비용이 상상을 초월했고 그러한 비용 조달을 위해 신의 이름을 차용하는 것은 감히 거역할 수 없는 명령이었다.

문자의 시작은 부족들의 규모가 방대해지고 그에 따른 타 부족과의 전쟁 과정속에서 지배계급과 피지배계급이 형성됨에 따른 결과였다. 청동제 무기가 사용되기 시작한 후에도 기존 신석기 시대의 무기가 사라진 것은 아니었다. 청동시대 초기, 청동제 무기를 소유한 자는 그 부족의 우두머리를 둘러싼 소수에 불과하였다. 제련기술이 발달하지 않은 곳에서는 여전히 돌로 만든 무기를 사용할 수밖에 없었다.

청동 무기가 등장함에 따라 부족간 전투 양상이 씨족간 전투에서 고대 부족국가간 대규모 전쟁으로 변모해 나갔다. 청동시대가 만개했을 무렵, 고대 부족단위의 국가의 형태애서 정복 전쟁을 통한 부족 연합으로의 완벽한 국가 형태를 갖추게 되었다.

BC 10세기경을 배경으로 하는 다윗과 골리앗의 싸움 장면은 청동기 시대 초기 부족국가의 전쟁상을 엿볼 수 있다. 다윗이 전쟁터로 나서자, 사울은 자신이 착용하고 있던 청동 칼과 청동 갑옷을 하사했다. 이스라엘 부족 중에서 당시 청동 무기를 갖추고 있던 사람은 왕 사울과 그의 장자인 조나단, 두 사람에 불과했다. 이와 달리 블레셋 족속인 골리앗은 청동 투구와 청동 칼, 청동 창, 청동 경갑 등 온 몸을 청동으로 무장한 채 등장한다. 왕이나 왕자 신분이 아닌 자가 청동으로 머리 끝에서 발끝까지 감싸고 나올 정도면 블레셋의 청동 제련기술이 이스라엘 족속보다 발전했던 것을 짐작할 수 있다.

> 19 그 때에 이스라엘 온 땅에 철공이 없었으니 이는 블레셋 사람들이 말하기를 히
> 브리 사람이 칼이나 창을 만들까 두렵다 하였음이라 20 온 이스라엘 사람들이 각기
> 보습이나 삽이나 도끼나 괭이를 벼리려면 블레셋 사람들에게로 내려갔었는데 21
> 곧 그들이 괭이나 삽이나 쇠스랑이나 도끼나 쇠채찍이 무딜 때에 그리하였으므로
> 22 싸우는 날에 사울과 요나단과 함께 한 백성의 손에는 칼이나 창이 없고 오직 사
> 울과 그의 아들 요나단에게만 있었더라 (삼상 13:19-22)

대부분 청동제 제기(祭器)에 표기돼 있는 금문(金文)을 보면 신석기 시대 문자 형태와 청동시대 문자 형태가 병존하고 있다. 청동기 시대에 들어서자 문자의 형태가 급격히 화려해지기 시작했다.

문자 형성 초기 소 뼈나 거북이 껍데기에 새겼다 해서 갑골문이라 불러지는 이 문자들은 주로 길흉화복을 점칠 때 사용되었다. 이와 달리 청동제기에 새겨진 금문은 미래를 묻는 것이 아닌, 어떤 사건이 끝났을 때 그 결과를 신께 보고하며 감사제사를 올릴 때 '누가 무엇을 했다.'라는 과거 행위에 대한 기록이었다. 그래서 많은 금문은 글자 한자 한자마다 주어 동사가 들어있는 문장으로 해석되고 있다.

2. 창 과(戈)의 金文(Bronze characters)

창 과(戈)의 金文은 '특정한 아무개 왕이 전쟁에서 이겼다.'는 것을 기록했다. 특정한 왕의 이름 또한 필요했다.

창 과(戈) 갑골문이 전쟁을 할 것인가를 물었다면 금문의 창 과(戈)는 '누가 전쟁에서 이겼다.'를 표시하고 있다. 갑골문에서 청동문 시대로의 변환기를 역사 시대의 시작으로 보는 이유이다. 청동문의 창(戈)은 단순히 전쟁에서 이겼다가 아니라 누가 전쟁에서 이겼다가 포함됐다. 왕의 이름이 등장한 시기이다.

금문이 화려해 진 것은 청동이 상세한 그림을 표현하기에 더 좋은 재료일 뿐만 아니라 더 많은 의미를 첨가해야 했기 때문이다. 청동기 시대에 들어서서야 고대국가로써 체계를 갖춘 역사시대가 본격적으로 문을 열었다. 각 씨족 단위의 싸움에서 씨족들이 연합한 국가단위의 전쟁으로 발전한 것이다. 역사는 전쟁의 기록과 함께 시작된 것이다.

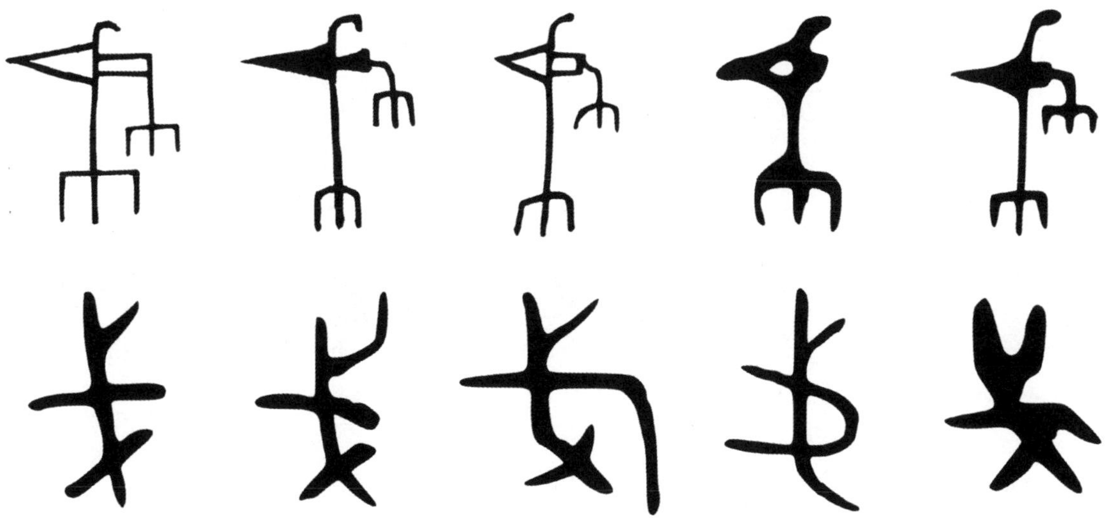

창(戈)을 나타낸 금문(金文>

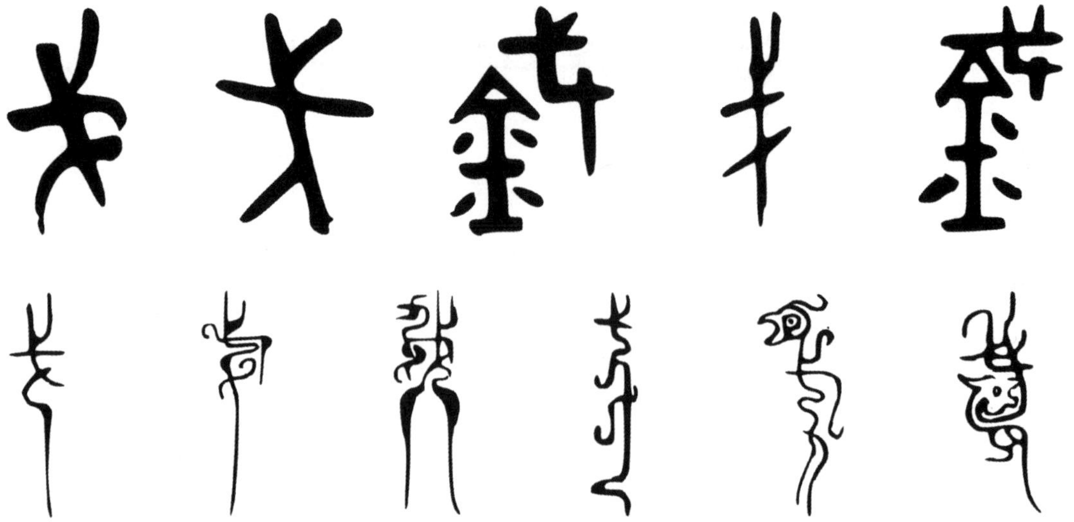

창(戈)을 나타낸 금문(金文)

한 일(一)로 문자가 시작됐다는 것은 후세들의 철학이 들어간 해석이다. 창(戈)을 의미하는 金文에 수탉이 보이는 것은 우두머리 글자는 전쟁과 함께 등장했음을 보여주고 있다. 갑골문에서 창이라는 글자는 '싸움에서 이길 것인가, 질 것인가'라는 미래를 묻는 점술로 사용되었다면 청동제품에 등장하는 창 글자는 '싸움에서 이겼다.'라는 과거시제이다. 승리한 싸움을 기록했기 때문에 문자는 화려해질 수밖에 없었다. 동사인 '이겼다'라는 창(戈)의 금문에는 '누가"라는 주어가 포함돼 있으며 왕의 특징에 따라 창(戈)의 표기는 화려해여만 했다.

3. 창을 부수로 하는 글자들

초기 청동기 시대는 그림에서 문자로 발전하는 시기였다. 창 과(戈)를 부분으로 하는 글자들은 약 60여 자(字)로 지금까지 쓰이고 있으며 대부분 전쟁과 관련돼 있다. 그 대표적 글자는 아래와 같다.

칠 벌(伐)

- **칠 벌(伐)의 갑골문**(甲骨文 Oracle characters)

창에 두 사람이 꿰들려 있는 경우도 있다. 큰 전투에서 이길 것인가를 묻고 있다.

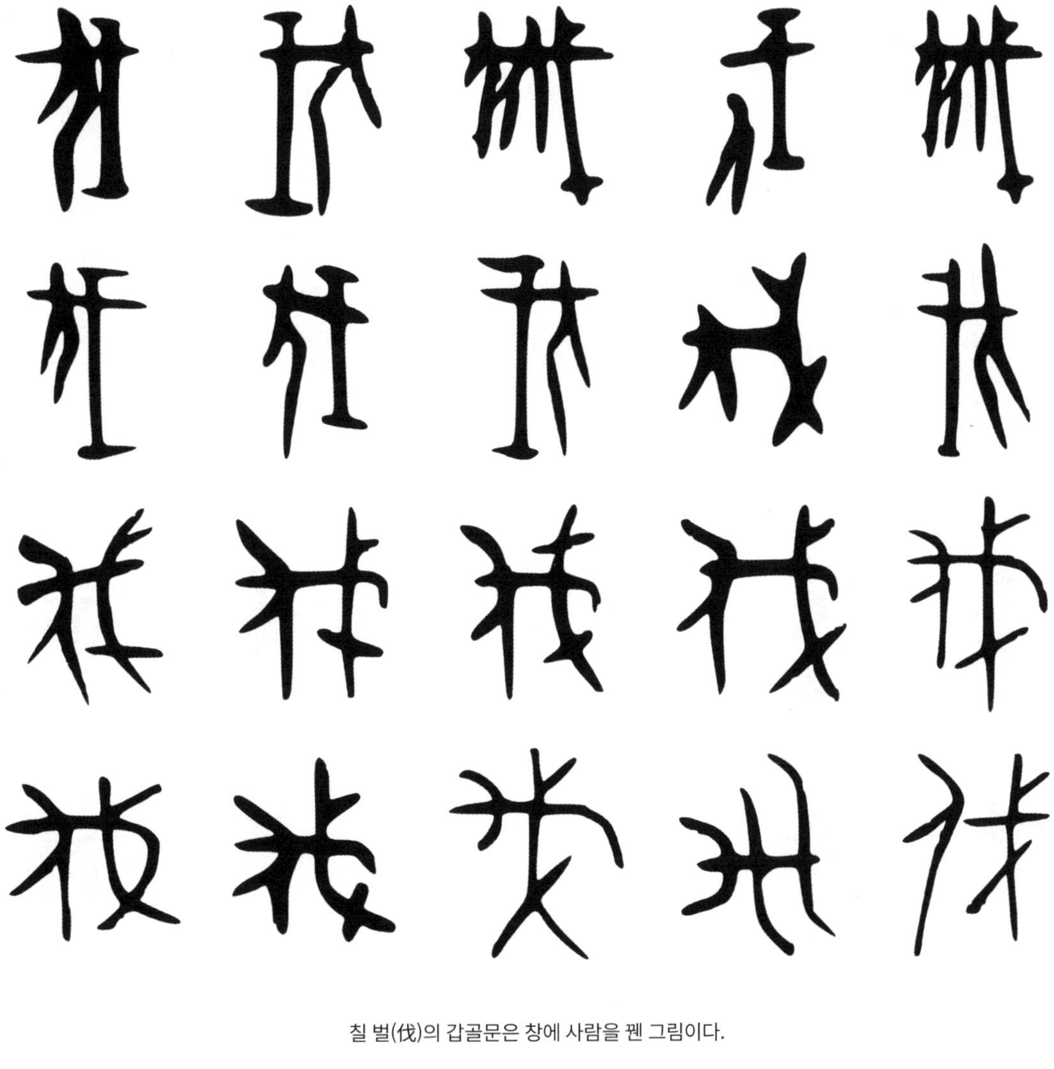

칠 벌(伐)의 갑골문은 창에 사람을 꿴 그림이다.

칠 伐 어휘

벌목-伐木 나무를 벰

벌채-伐採 산의 나무를 대규모로 베거나 숲을 깎아 내는 것

벌초-伐草 무덤의 잡초(雜草)를 베는 일

정벌-征伐 적의 무리를 국가가 군대를 동원하여 침

토벌-討伐 정벌이 먼 길을 떠나 국가가 적을 섬멸하는 것이라면 토벌은 군대, 혹은 경찰의 규모가 정벌보다 적고 기간도 정벌보다 짧다

이룰 성(成)

칠 벌(伐)과 마찬가지로 전쟁을 의미한다. 창으로 사람의 목을 친 그림이다. 떨어진 목이 그려져 있다. 전쟁이 승리로 이루었다(成)는 것을 나타낸다. 전쟁에서 성 혹은 지역을 정복할 수 있는가를 묻고 있다. 전쟁에서 이겨서 적의 성을 빼앗을 수 있는가. 혹은 적장의 목을 베고 전쟁을 승리로 끝낼 수 있는가를 묻고 있다.

이룰 성(成) 갑골문(甲骨文) Oracle characters

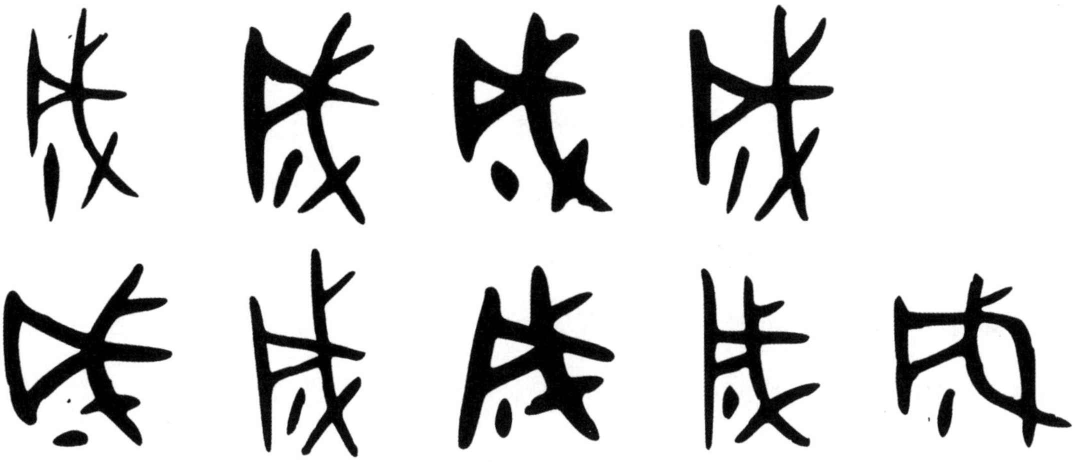

이룰 成 금문(金文) Bronze characters

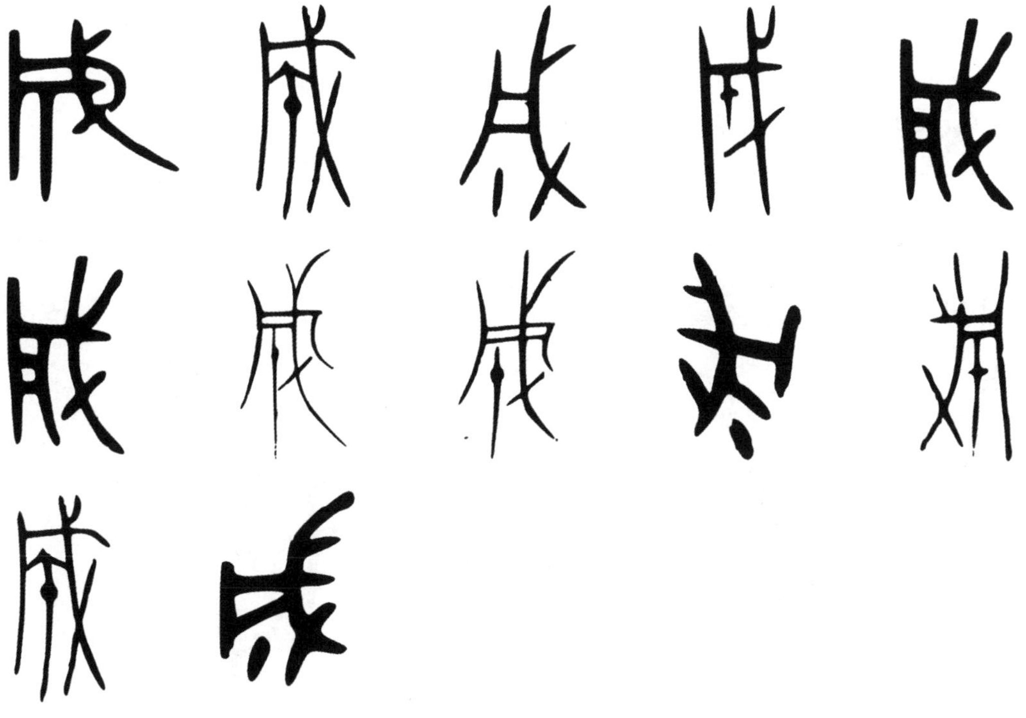

이룰 成 금문(金文) Bronze characters

이룰 성 어휘

자수성가-自手成家 스스로의 힘으로 사업(事業)을 이룩하거나 큰 일을 이룸

어불성설-語不成說 말이 이치(理致)에 맞지 않음

대기만성-大器晩成 큰 그릇은 늦게 이루어진다. 크게 될 사람은 늦게 성공한다

문전성시-門前成市 정치가나 부잣집 문 앞이 방문객으로 시장처럼 사람들로 붐비다

집대성-集大成 많은 것을 모아서 하나의 작품으로 만들어 낸 것

살신성인-殺身成仁 자기(自己)의 몸을 희생(犧牲)하여 옳은 도리(道理)를 행(行)함

정신일도하사불성-精神一到何事不成 정신(精神)을 집중(集中)하여 노력(努力)하면 어떤 어려운 일이라도 성취(成就)할 수 있다

가화만사성-家和萬事成 집안이 화목(和睦)하면 모든 일이 잘 된다는 말

희롱할 희(戱), 놀 희

갑골문이 없는 이유가 전쟁의 승패를 묻는 점술에 사용된 문자가 아닌, 전쟁에서 이기고 신 앞에서 감사의 제사를 올리는 모습으로, 전쟁 승리 기록을 남긴 문자이기 때문이다.

희롱할 희, 놀 희(戱)의 금문

희롱할 희, 놀 희 의 구성

범 호 + 제사 + 창 과로 이루어진 글자

제사는 단순히 농사나 사냥감을 잡기 위한 것뿐만 아니라 전쟁에 나가서 승리하는 것을 비는 행위로, 제사는 집단 생활과 더불어 문명의 시작과 함께 공존해온 자연스러운 것이었다. 〈희롱할 희, 놀 희〉의 고대문자는 제사 현장에서 호랑이 가죽을 쓰고 창을 들고 춤을 추는 행위를 보여준다.

신석기 시대가 저물어가고 청동과 철기시대로 들어오면서 철로 만든 강력한 무기의 등장으로 부족 간의 전쟁 또한 격렬해졌다. 당시 금문과 갑골문들을 보면 대부분 전쟁과 관련된 것이었다. 이러한 전쟁을 통해 이웃 부족들을 무력으로 통합시킨, 전쟁터에서 지도자 역할을 했던 지배계급이 등장하였다.

지금은 범호(虎)자와 창과(戈), 돼지 시(豕)가 함께 쓰이고-戱- 있으나 고문자는 돼지 시(豕)대신 제사를 나타내는 그림글자 가 같이 쓰였다. 문자의 격하가 시작된 것이다. 최고 지배층이 제사장에서 왕으로 변천하자 제사장을 뜻했던 그림들 또한 다른 그림으로 변하거나 생략되어갔다.

대규모 군사를 지휘하는 군장(軍將)의 권력이 강화됨에 따라 상대적으로 제사장들의 권력은 약화되었다. 강력한 군사들로 조직을 갖춘 이들이 최고 우두머리를 중심으로 지배계급을 형성하기 시작했고 최고 우두머리는 왕이라는 지위에 오르게 되었다.

부족들을 통합해 나가며 초기에는 제사장과 군장을 겸임했던 우두머리는 점차 제사장보다는 부족의 생존이 걸린 전쟁터에서 군장의 역할이 더욱 중요하게 되었다. 그 과정에서 초기 문자에 기록돼 있는 제사를 뜻했던 표기들이 누락되거나 격하되기 시작했다, 상나라를 멸망시키고 들어선 주나라는 상 왕실에서 사용했던 문자들을 급격히 천한 뜻으로 변용시켰다. 새롭게 권력을 잡은 세력은 자신들의 정당성을 확보하기 위해 구세력에 대한 부도덕성을 강조하는 것이 수 천년 전부터 현재까지 이어져온 역사 기록의 바탕이다.

초기문자에 남아있던 제사를 의미하는 관련한 표기들이 왕의 권력이 강화되면서 왕의 권력이 자기 아들에게 세습되던 때에는 이러한 제사관련 표기들은 조각 칼로 파내 지거나 숨겨졌다. 〈왕의 지위가 자기 자식에게 세습되는 과정은 본 책 제 2부 '아비 부(父) 글자의 변천' 참조〉

범 호의 금문

희롱 희, 놀 희 어휘

성희롱–性戲弄 성적(性的)으로 상대를 대하는 것

희롱–戲弄 말이나 행동(行動)으로 실없이 놀리는 짓. 장난 삼아 놀리는 짓

희화적–戲化的 익살맞고 우스꽝스러운 것

희곡–戲曲 주인공이 등장하여 관객들에게 웃음을 자아내는 공연

싸울 戰

홑 단(單) + 창 과(戈).

두 사람이 한데(單-홑 단)엉겨 붙어 창을 들고 싸우다 뜻인 싸울 전戰

싸울 전 어휘

전쟁–戰爭 국가간 싸움

전략–戰略 전쟁이나 운동경기에서 상대방을 이기기 위한 꾀

호전적–好戰的 싸움을 좋아함

전투–戰鬪 전쟁보다 작은 싸움

전율–戰慄 몹시 두렵거나 큰 감동을 느끼거나 하여 몸이 벌벌 떨리는 것

고전–苦戰 죽을 힘을 다하여 싸우는 힘든 싸움

냉전–冷戰 전쟁 상태는 아닌, 상대방과 서로 차가운 상태

전사–戰死 전장(戰場)에서 싸우다 죽음

정전-停戰 전쟁을 잠시 중단함

종전-終戰 전쟁이 끝

설전-舌戰 말다툼

각축전-角逐戰 최종 승패를 결정하는 싸움

선전-善戰 잘 싸움

육박전-肉薄戰 몸을 부딪치며 싸움

산전수전-山戰水戰 산에서도 싸우고 물에서도 싸웠다는 뜻으로 세상 경험이 많음

전전긍긍-戰戰兢兢 어떤 위기감에 떠는 심정

인해전술-人海戰術 바다같이 많은 사람을 투입하는 작전

속전속결-速戰速決 전쟁이나 전투, 혹은 일을 재빨리 끝냄

백전백승-百戰百勝 백 번 싸워 백 번 이긴다

악전고투-惡戰苦鬪 어려운 싸움과 괴로운 다툼, 죽을 힘을 다하여 고되게 싸움

백전노장-百戰老將 많은 전투를 치른 장수, 세상일에 경험이 많아 여러 가지로 뛰어난 사람

지피지기백전불태-知彼知己百戰不殆 상대를 알고 자신을 알면 백 번 싸워도 위태(危殆)롭지 않음

연막작전-煙幕作戰 적이 볼 수 없도록 연막(煙幕)을 치는 작전.

도전-挑戰 싸움을 걸거나 스포츠 기록 등에 맞섬

제2부
왕의 등장

거북의 껍데기나 동물의 뼈에 새겨지던 갑골문도 청동문의 등장에 따라 좀더 세밀한 그림으로 발전해갔다. 청동제품에 좀더 세밀한 글자가 사용되자 점술용 갑골문자도 좀 더 상세한 정보를 입력하기 시작했다. 청동에 상세하게 세길 수 있는 시대가 되자 문자는 그림에서 문장, 곧, 주어와 동사를 내포한 문자로 발전하게 된다. 역사의 기록이 시작된 것이다.

인간보다 거대한 짐승을 사냥하기 위해서는 세밀한 작전이 필요 했다. 작전은 누군가의 명령을 따라 움직이는 것이었다. 부족 간의 전투 또한 마찬가지였다. 부족들간 전투의 양상이 그 규모가 커짐에 따라 아무런 작전 없이 창(戈)만 들고 적과 싸웠다 가는 승산이 없었다. 그 누군가는 자연스럽게 그 전쟁에서 명령을 내리는 그 부족의 우두머리가 되었다.

1. 나 아(我)

손(𠂇)에 창(戈)을 든 사람을 그려 그 부족의 지도자로 표시했다.

손(手)에 창(戈)을 들고 있는 나(我)라는 글자는 일인칭 나(I)가 아니라 그 공동체 우두머리를 표시하는 글자였다.

나 아(我)甲骨文 Oracle characters

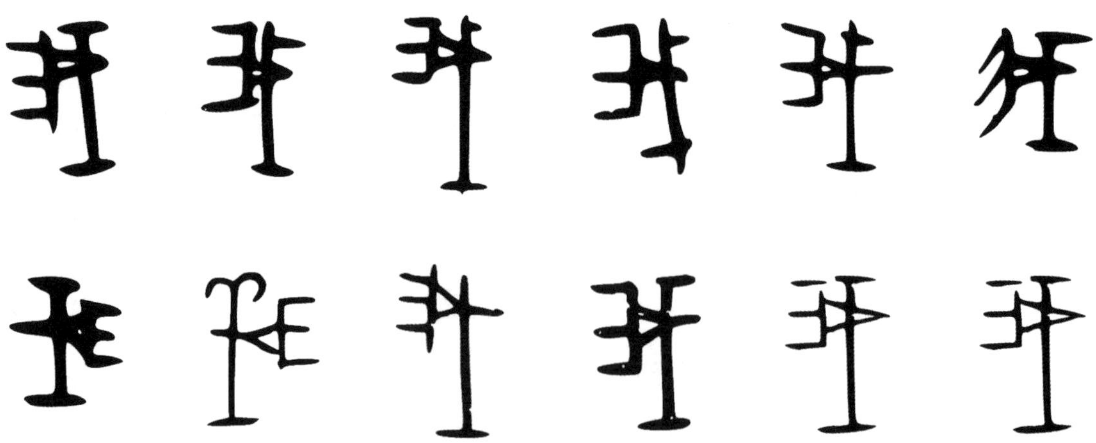

나 아(我)甲骨文 Oracle characters

나 (我)의 갑골문은 창에 치장을 한 것이었다. 우두머리의 창이 다른 사람의 창과 구별되게 하기위해 형형색색의 깃털로 화려하게 꾸몄다. 이러한 갑골문이 섬세한 표현을 할 수 있는 재료인 청동기 시대가 등장하자 문자 또한 화려해지기 시작한다. 그렇다고 갑골문자의 사용이 끝난 것은 아니었다. 갑골문은 점을 치기위해 여전히 사용되었으며 청동문자는 그 점의 결과가 어떻게 나왔는가를 신께 보고하는 제사 자리에서 사용되는 제기(祭器-제사 때 사용하는 그릇)에 등장하기 시작했다. 당연히 그 기록은 '왕이 전쟁에서 이겼다.' 가 될 것이었다. 역사의 첫 기록이다. 시간이 지날수록 왕에 대한 설명과 전쟁에 대한 묘사, 적은 누구이며 결과는 어찌했는가 등의 구체적 사실이 첨부되어갔다.

청동시대가 시작됐다 해서 석기시대가 끝난 것이 아니었다. 청동은 석기에 비해 구하기가 어려웠고 그만큼 대규모 인력을 동원할 수 있는 거대 공동체가 필수였다. 무엇보다 용도가 달랐다. 미래를 묻는 점사(占辭) 용도로 쓰인 갑골문과 지나간 사실을 기록하는 청동기와 그 쓰임이 구별됐다.

청동기 시대의 등장은 부족사회를 통합한 초기 부족국가가 그 부족을 통합한 고대국가로 발전하고 있는 과정이었다. 석기시대에서 청동시대로의 발전시간보다 청동에서 철기로 발전시기는 가속화되었다. 기술은 발전할수록 그 발전 속도는 빨라진다. 현대의 반도체 또한 예외가 아니다.

더 강력한 무기의 등장으로 고대 국가간 전쟁이 더욱 활발했으며 그에 따라 공동체의 규모 또한 초기 부족국가에서 부족 연합국가로 거대화 되었다. 그동안 지배층을 형성하고 있던 집단들 또한 전문적 집단으로 구별되기 시작했고 제사장과 군장을 겸임하고 있던 우두머리도 각각 업무에 따라 분리될 수밖에 없었다. 〈본 서 왕의 '아비부의 변천' 참조〉

나아(我) 金文 Bronze characters

금문에서도 갑골문에서 창을 장식했던 새 혹은 닭의 깃털들이 보이다가 금문의 발전함에 따라 점차 깃털이 손(手)으로 바뀌어진다. 초기 전쟁무기인 창(戈)라는 글자에 손(手)이 첨가될 때는 제사장을 겸임하는 왕의 등장 시기였다.

2. 나(我)는 위대한 사람(大)으로 하늘(天)을 대신한다

나 아(我)는 창(戈)에 손(手)이 더해진 글자이다. 전쟁무기인 창의 뜻이 확대되기 시작한 최초의 글자가 나(我)라는 글자다. 깃털로 장식한 창(戈)을 손(手)에 들고 있는 인물이 최고 우두머리이다. 자신을 지칭하는 나아(我)는 개인의 나(I)가 아닌, 최고 우두머리를 뜻하는 글자였다.

> 나(我)는 그래서 위대(大)하고 하늘을 대신한다. 허신은 나아(我)를 풀이하길 '시신자위야(施身自謂也)'라 하여 자기 자신을 지칭한다고 하였다. 또한 '시(施)란 깃발의 모습으로 깃발 언(㫃)과 같다.'고 하였다. (ShuoWen: (說文解字): 旗貌從㫃也聲齊欒施字子旗知施者旗也)

그러나 이들 문자를 만들던 이들은 난관에 부딪쳤다. 전쟁터에는 창을 든 사람들이 너무 많았다는 것이다. 창을 든 모든 사람들이 그 부족의 우두머리일 수는 없었다. 그들에게는 단 한 명의 우두머리를 표현하는 장치가 필요했다.

3. 창 과 (戈)와 한일(弌)

한 일(一)자의 고문자인 **일**(弌)자는 창 **과**(戈) 밑에 **한 일**(一)자가 첨가된 형태이다.

단순히 개수를 의미하는 하나가 아니라 창을 든 한사람을 의미

했다. 그러나 창을 든 한사람 만으로는 그 부족의 우두머리를 의미한다고 보기에는 한참 부족하다.

청동기 시대에 들어서면서 초기 고대국가 형태가 잡히기 시작하고 그러한 부족의 역사를 기록하기 위해서는 단순히 상징만으로는 문장을 만들어 낼 수 없었다. 문장의 주어인 왕과 왕의 통치행위인 동사가 필요했다.

4. 나 아(我) 어휘

아군-我軍 우리 편

아전인수-我田引水 자기 논에만 물을 끌어넣는다. 내 이익을 먼저 생각한다.

자아-自我 자기(**自己**) 자신(**自身**)에 대한 깨달음

자아도취-自我陶醉 자신에 스스로 취함

자아성찰-自我省察 자기의 마음을 돌이켜 살핌

물아일체-物我一體 바깥 사물과 내가 어울려 한 몸을 이루다.

삼인행필유아사 -三人行必有我師 세 사람이 같이 길을 가면 반드시 내 스승이 있다.

아집-我執 고집

제3부
수탉의 등장

한 공동체의 지도자의 역할은 명령권자 라는 것이다. 그 공동체가 원시시대라 해도 그 역할은 명령에서 시작하였다. 명령이나 지시는 미래라는 특정한 때(시각)을 전제로 한다. 지금부터, 미래의 언제부터, 미래의 언제까지, 혹은 미래의 특정 시점인 언제. 곧 때를 동반하지 않는 명령은 없다. 미래의 특정 시점이 포함되지 않는 명령은 명령이 될 수 없다.

때를 지시하는 것이 공동체 우두머리의 책임이며 특권이었다. 최고 우두머리가 때(정해진 시각)를 지배하는 것은 근대까지 이어졌다. 동양의 맹주였던 중국 황제는 동양 전역을 자신이 제정한 때를 사용하도록 하였다. 한자문화권의 동양 국가들에서는 모든 공문서와 기록문서에는 중국 황제가 지정한 연호가 근세까지 사용되었다.

초기 사회에서 특정한 때를 알려주는 것은 수탉에서 출발했다. 하루의 시작을 알려주는 수탉은 동양에서뿐만 아니라 전세계 인간사회에서 공통으로 때를 나타내는 가장 중요한 동물이었다. 초기 공동체에서 아침을 알려주는 수탉을 지도자의 상징으로 삼는 것은 당연하였다. 수탉이 용맹하거나 뛰어난 다른 특기가 있어 서가 아니라 시각을 알려주는 유일한 동물이기 때문이었다.

1. 수탉의 특징

조류 가운데 오직 수탉만이 가지고 있는 발톱이 있다. 퇴화된 발톱이라 하여 며느리 발톱이라 칭하고 있으나 이 발톱은 수탉이 싸울 때 무기로 쓰는, 수탉의 공격용 도구이다. 투계들은 이 발톱에 칼날까지 장착하고 투계장에 등장한다. 수탉의 며느리 발톱은 퇴화해서 생겨난 것이 아니라 싸울 때 필요해서 발달한 발가락이다.

수탉을 상징하는 이 발톱은 동양의 역사 속에서 삼족오, 봉황 등의 전설 속의 동물에서 찾을 수 있다. 수탉은 현재까지 이어지며 독수리로 모습이 대치된다. 로마 군대에서 사용된 독수리 또한 독수리의 원형인 수탉이 최고를 상징하기 때문이었다.

현대에까지 사용되는 수탉의 상질물로는 세계 유명 성당의 가장 높은 곳에 수탉이 있는 것과 스포츠 단체에서 수탉을 상징으로 쓰는 것도 마찬가지다. 지금도 세계 유명 성당의 첨탑에서 자주 목격되는 철로 만들어진 수탉은 교권 최고자를 상징한다. 교회의 수권자가 세상을 통치하고 있다는 것을 의미한다.

조류 중에서 수탉만이 가진 며느리 발톱

이 수탉은 시대가 지남에 따라 독수리나 상상속의 세 개 발을 가진 까마귀인 삼족오나 봉황으로 변해갔다. 봉황의 경우 한민족의 상징으로 사용되어 왔으며 현재도 대한민국 대통령 상징은 봉황이다. 중국의 경우는 용이 사용되었다.

이런 수탉은 현재도 각 국가대표의 상징으로 사용되는 경우도 많으며 국가나 스포츠 단체의 상징(emblem)으로도 사용되고 있다. 수탉의 용맹함을 표현한 것이 아니라 최고 지배자라는 뜻이다.

수탉의 머리 위에 있는 볏(crest)은 지금도 한국의 전라, 경상, 충청에서 '벼슬'이라는 단어로 사용되는 데, 벼슬은 국가 기관의 높은 직위를 의미한다.

수탉의 며느리 발톱은 조류 가운데 유일하게 수탉만이 가진 것으로 발톱의 퇴화가 아닌, 싸움의 무기로 수탉의 발톱이 진화한 것이다.

한국에서 수탉의 볏은 '벼슬'이라는 단어로 지금도 나라의 높은 관직을 풍자할 때 쓰이고 있다.

2. 조류의 총칭(總稱)인 새(鳥), 수 탉(雞)과 봉황(鳳凰)

꼬리가 길고 화려한 새를 鳥(조)라 하고 꼬리가 짧은 새를 추(隹)라 칭했다. 사람의 손에서 가축화된 새(鳥) 가운데 울음소리로 아침을 알렸던 수탉(雞)이 문자의 시작 초기, 공동체의 우두머리를 상징으로 사용되는 것은 당연했다. 새 중에서는 황제의 상징으로 사용되는 전설상의 새인 봉황(鳳凰)이 수탉의 특징을 가지고 있는 것도 이 때문이다.

닭 계(鷄) 甲骨文 Oracle characters

수탉(鷄)의 갑골문을 보면 단순히 수탉을 나타내는 그림만 사용된 것이 아니라 대부분 화려하게 꾸민 인간이 함께 등장한다. 이와 달리 새 조(鳥)의 갑골문은 인간의 등장없이 단순히 새를 그린 그림이다.

새 조(鳥) 甲骨文 Oracle characters

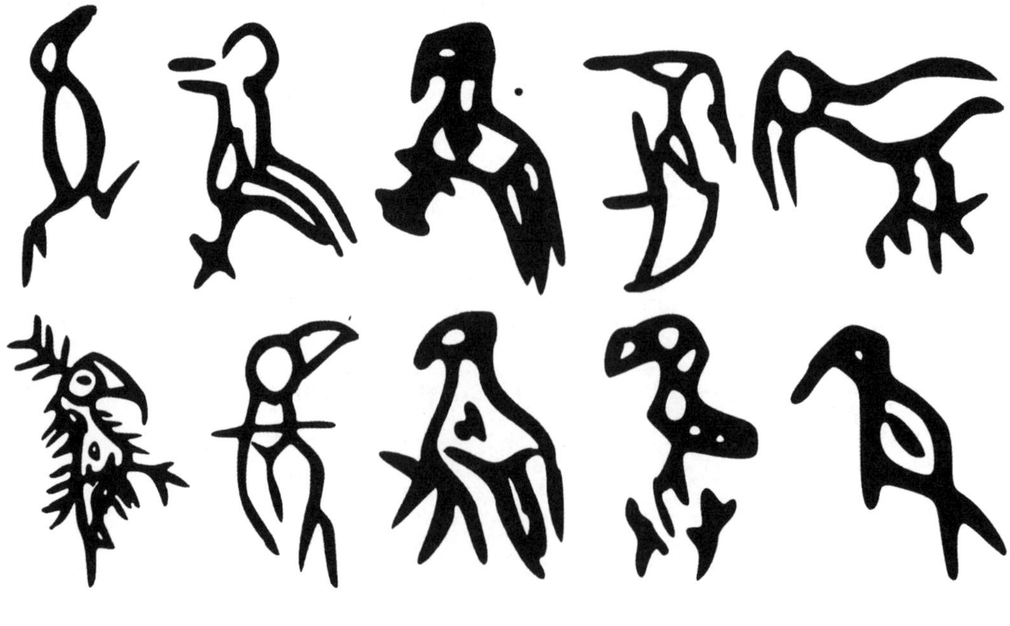

문자의 시작을 알리는 글자인 창(戈)과 닭 (鷄)은 초기문자의 구성에서 중요한 역할을 하고 있다. 문자의 특성상 명령권자인 지배계급이 등장하지 않고는 문자가 만들어질 수 없으며 단순한 그림이 의미를 갖기 위해서는 사람이 등장해야 했다.

3. 역사 속에 등장하는 수탉

소도(蘇塗)와 솟대, 그리고 수탉

고대 중국의 역사가인 진수陳壽 (233-297)가 쓴 삼국지(三國志)위서(魏書) · 동이전(東夷傳), 한전(韓傳)에는 대한민국의 고대사인 한(韓)의 풍물과 함께 소도에 관한 내용이 있다.

> 信鬼神, 國邑各立一人主祭天神, 名之天君。又諸國各有別邑。名之為蘇塗。立大木, 縣鈴鼓, 事鬼神。諸亡逃至其中, 皆不還之。
>
> 귀신을 섬기며 (50여개의)각 나라의 읍에는 한 사람을 세워 하늘의 신에게 제사를 지냈다. 이 제사장을 천군이라 했다. 또한 각 나라마다 특별한 읍을 두어 이를 소도(蘇塗)라 칭했다. 큰 나무를 세워 두고 탬버린을 치고 신을 섬겼다. 그 소도로 도망하는 자가 있으니 도망자를 돌려보내지 않았다. <삼국지(三國志)위서(魏書)·동이전(東夷傳) 한전(韓傳)

큰 나무를 세워 두고 (立大木) 신을 섬겼다

한국은 고대부족국가 때부터 신과의 교섭자로서 역할을 해오고 있는 전통 무속인들이 지금도 솟대를 자신들의 거처에 세워 두고 있다.

솟대 끝에는 수탉대신 오리나 새나 대신하고 있다.

인천공항뉴스

한국의 무속인 집에는 전통 무속을 상징하는 깃발들이 세워져 있다.

솟대에 앉아있는 수탉(중국 계림박물관)

소도는 천군이라는 제사장이 머무는 곳이다. 천군은 부족의 우두머리였다. 청동기 시대를 거쳐 철기시대로 들어서면서 제사장과 군장을 겸했던 제정일치 초기 국가도 제사장과 군장으로 분화되기 시작한다. 제사장의 권력이 점차 왜소화 되며 제사를 상징했던 문자 또한 다른 문자로 대치되거나 삭제된다. 〈본서 왕의 세습과 과두문자 참조〉

솟대에 오리나 새가 아닌 수탉이 있었던 자료로는 '중국 속의 백제(한국의 고대국가)' 화면에 등장한다. 2002년 7월 4일 한국의 공영방송인 KBS가 방영한〈중국에도 전주가 있다.〉 에서 중국의 '계림 박물관' 중앙에 오래된 솟대가 나타난다. 그 솟대의 맨 꼭대기에는 오리나 새가 아닌 수탉이 올려져 있다.

한민족의 후예로 알려진 중국 묘족들의 유물을 전시해 놓은 중국 계림박물관 -솟대에는 수탉 한 마리가 앉아있다.

백제계 후손들로 추정되는 묘족들이 살고 있는 계림의 위치

4. 유물 속에 남아있는 수탉

백제 금동대향로(百濟 金銅大香爐)

백제 금동대향로 -높이 61.8cm,무게 11.8kg. Great Gilt-bronze Incense Burner of Baekje

1500여년이 넘는 세월동안 백제 왕실이 있던 우물 속에 묻혀 있던 백제 금동대향로. 수탉만의 특징인 며느리 발톱과 수탉의 벼슬을 백제 금동대향로에서 볼 수 있다. 백제 금동대향로 위에는 전설 속의 새인 봉황이 앉아있는 것으로 지금까지 추측해 오고 있다. 그러나 이 봉황 또한 수탉만이 가지고 있는 며느리발톱이 존재한다.

강서대묘 봉황(주작-붉은 봉황)

평양 강서대묘에서 발견된, 남쪽을 지키는 전설상의 새인 붉은 봉황(鳳) 또한 수탉의 특징인 며느리발톱을 보여주고 있다.

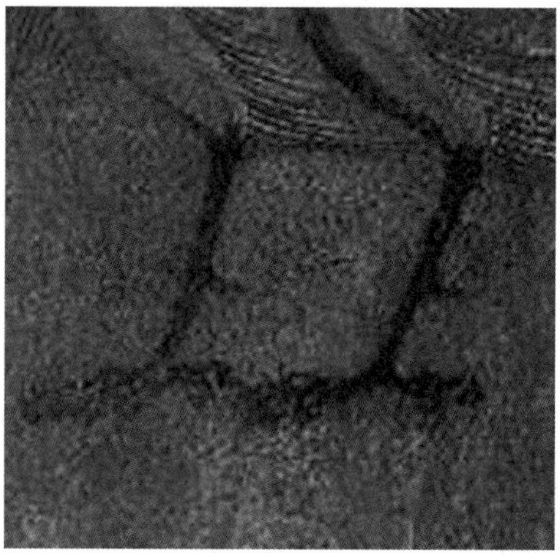

봉황에 대해 허신(許愼, 30 ~ 124 AD)은 그의 저서 설문해자(說文解字, 총 30권, AD 100년 집필 시작, 121년 완성) 제4권, 봉조(鳳條)에서 '그 형태는 닭과 같고, 뱀, 사슴, 용, 거북을 합성한 것'으로 보았다.

鳳之像也。麐前鹿後。蛇頸魚尾。龍文龜背。燕頷雞喙。五色備舉。-說文解字. 卷四, 鳳

삼족오(三足烏-세발까마귀)

길림성(吉林省)집안시(集安市)통구 고분군(通溝古墳群) 산하 우산하 고분군(禹山下古墳群)

고구려 각저총 벽화의 삼족오

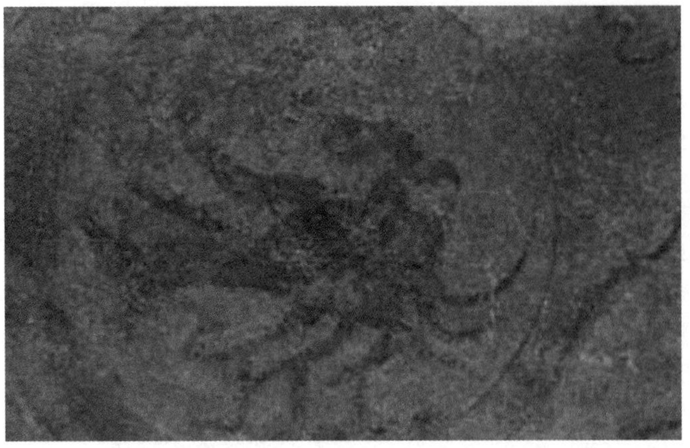 

상상속의 동물인 삼족오(발이 셋인 까마귀)에도 수탉만의 특징인 며느리 발톱이 보이고 있다.

5. 현재 사용되는 수탉의 상징

수탉은 지금까지도 우두머리를 상징하는 그림으로 사용되고 있으며 특히 프랑스 국민의 수탉 사랑은 각별하다. 프랑스 시인인 랭보는 그의 시에서 '수탉에게 인사'하고 아름다움에 인사하는 법을 알고 있다. 고 노래하고 있다. 한국인들이 자신들을 고구려 후손으로 알고 있듯, 프랑스인들은 골족을 자신들의 조상으로 삼고 있다.

O saisons, ô châteaux!

오, 계절이여! 오, 성이여!

Quelle âme est sans défauts?

상처받지 않은 영혼이 어디 있으랴?

J'ai fait la magique étude Du bonheur, qu'aucun n'élude.

나는 그 어떤 것도 피할 수 없는 행복에 대한 경이로운 연구를 했다.

Salut à lui, chaque fois Que chante le coq gaulois.

골족의 수탉이 노래할 때마다 그에게 인사를 한다.

...

Cela s'est passé. Je sais aujourd'hui saluer la beauté.

그것은 지나갔다. 이제 나는 아름다움에게 인사하는 법을 알고있다.

– 아르튀르 랭보 〈Faim〉 굶주림 中–

파리 노틀담 성당 수탉 (Rooster on the spire of Notre Dame in Paris)

교회에서 십자가 보다도 높이 있는 것이 첨탑 꼭대기에 있는 수탉이다. 세계의 수많은 유명 성당 또한 수탉이 가장 높은 곳에 자리잡고 있다. 파리의 성모 마리아 사원(파리 노틀담 대성당)이 2019년 화재로 인한 첨탑의 붕괴에도 수탉은 무사했다.

스포츠 관련 상징(Emblem) 수탉들

그림시대에서 문자시대로

수탉이 아침을 알리면 공동체 사람들은 잠에서 깨어났다. 이들은 함께 사냥을 나가고 채집하고 원시 농경을 시작했다. 수탉이 공동체의 우두머리를 나타내는 상징으로 소통됨에 따라 동굴이나 암벽에 그렸던 그림들이 문자화 되기 시작했다.

청동기 등장이후 문자에서도 커다란 변화가 있었다. 왕을 상징하는 수단이 빈약했던 문자의 초기와 달리 왕과 관련한 문자들이 화려해지기 시작한 것이다.

제4부
수탉에서 창으로

1. 창을 나타내는 고대 문자

수탉의 벼슬과 꼬리가 강조된 창 과(戈)라는 금문 (金文)

나뭇가지에 올려진 수탉은 자연스럽게 공동체 지도자를 상징하는 표시가 되었다. 그 수탉은 점차 단순화되어 수탉의 꼬리로 대치되고 그 꼬리마저 형형색색의 깃들로 대신하게 된다. 깃발의 시작이다.

부족 간의 싸움, 소규모 싸움이 큰 전투로 변하는 시점에서 수탉의 대 변천도 시작된다. 원시 부족들 간의 수 십 명, 많아야 수 백명의 싸움터에서는 우두머리의 큰 목소리로 단체 싸움을 지휘할 수가 있었다. 이러했던 원시 부족들이 초기 부족국가로 커짐에 따라 전투 참여인원도 수 백 명 이상이 참여하는 전투에서 수천명의 병사가 동원되는 전쟁으로 변모하기 시작했다. 씨족공동체에서 부족 연합체인 고대국가로 발전하는 과정이다.

2. 수탉의 모습을 보여주는 창(戈)이라는 청동문자

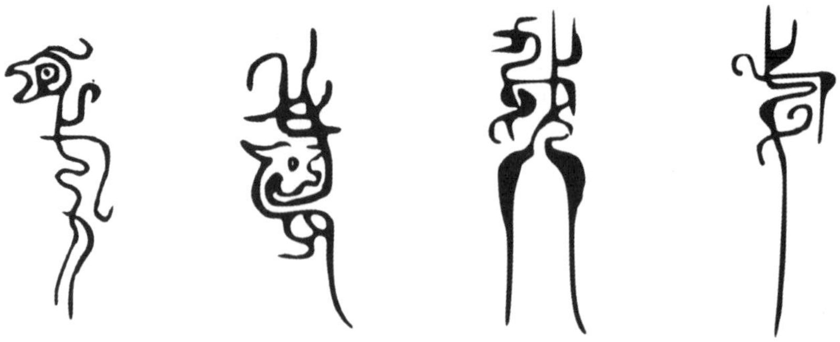

수탉의 모습을 보여주는 창(戈)이라는 청동문자

1940년 프랑스 오리냐크 지역의 라스코 동굴에서 발견된 원시 시대 사냥모습을 그린 벽화. 이 동굴벽화의 제작 시기는 BC 1만 5천년 경으로 추정되고 있다. 그림 속에는 나체의 한 사내가 커다란 짐승의 뿔에 받쳐 누워있고 그의 옆에는 우루머리를 뜻하는 수탉을 매단 길다란 창이 부러진 채 묘사돼 있다.

초기 부족간 싸움이나 전쟁은 부족 구성원들 모두가 목숨을 걸고 싸우는 것이 아니라 부족의 우두머리가 가장 앞에 나서서 싸운 형태였다. 자신이 부족의 대표임을 알리는 상징인 수탉의 형상을 창 끝에 매달고 싸움에 나섰다. 부족간 다툼에 수탉 상징을 높게 치든 우두머리의 위세만으로 끝나곤 했다. 씨족들이 연합하여 부족으로 커짐에 따라 싸움양상 또한 변하게 됐다.

3. 창과 깃발

창과 깃발, 그리고 왕의 출현

목소리 만으로 지휘가 가능했던 초기 부족국가간 싸움이 대규모 전쟁으로 발전하기 시작했다, 수탉을 상징하는, 큰 새, 혹은 수탉의 깃털로 장식된 창을 들고 자신이 우두머리임을 알리기에 충분했던 초기 부족국가 우두머리들의 상징 또한 변할 수밖에 없었다. 전쟁 규모가 확대될수록 전쟁을 지휘해야 하는 전장이 커짐에 따라 목소리 만으로는 대규모 병사들을 지휘할 수가 없게 되었다. 단순한 수탉 형태의 나무로 만든 창에 수탉이나 공작의 화려한 깃털이면 충분했던 우두머리의 창이 멀리서도 눈에 띄는 형형색색의 큼지막한 깃발을 단 대장기로 변모한, 청동시대 전쟁이 시작된 것이다. 부족국가에서 고대국가로의 발전이다.

깃발 언(㫃) 金文 Bronze characters

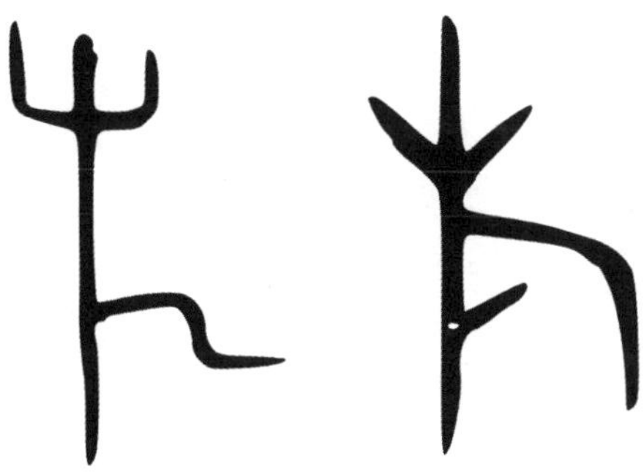

깃발 언(㫃)은 막을 방(方)과 사람 인(人)으로 되었는데 막을 방은 〈詩.生民〉의 모전(毛傳)에서는 **'방(方)은 대단히 크다(極畝)'**라고 하였다. (설문해자주부수자역해-염정삼/서울대출판부 p411)

새(수탉) 형상의 작대기에 형형색색의 새 깃털로 우두머리를 구별했던 지팡이가 점차 청동기 창(戈)으로 변화되는 과정을 보여 주고 있다. 창이라는 문자는 자연스럽게 왕이라는 문자로 발전한다.

신석기 시대의 초기 부족국가에서 청동기 시대로 변모하며 전쟁의 양상 또한 대규모로 커지게 되었다. 기존 부족들과 새로 정복한 부족들을 통합해 나가며 초기에는 제사장과 군장을 겸임했던 우두머리가 점차 제사장 보다는 군장의 역할이 더욱 중요하게 되었다. 그 과정에서 군장을 겸했던 제사장(天君)의 힘이 소도(蘇塗)로 국한되는 시대가 왔으며 초기 문자에서 제사장을 뜻했던 표기(그림)들이 칼로 도려내 지기 시작했다, (본 책 –덕(德),학(學) 참조)

왕(王)이라는 문자가 등장했다 해서 기존의 제사장을 표기했던 문자가 완전히 사라진 것은 아니다. 초기 왕(王) 문자에는 제사장을 뜻했던 수탉 혹은 새(鳥)가 혼용되었다.

군장의 역할을 뜻했던 왕의 지위가 강화됨에 때라 제사장의 지위는 왕의 밑으로 들어갔다. 왕의 자리가 자기 자식에게 세습되는 과정은 아비 부(父)글자의 변천을 통해 확인할 수 있다. 〈본 책 아비 부(父)변천 참조〉

왕(王)甲骨文Oracle characters

왕(王)金文 Bronze characters

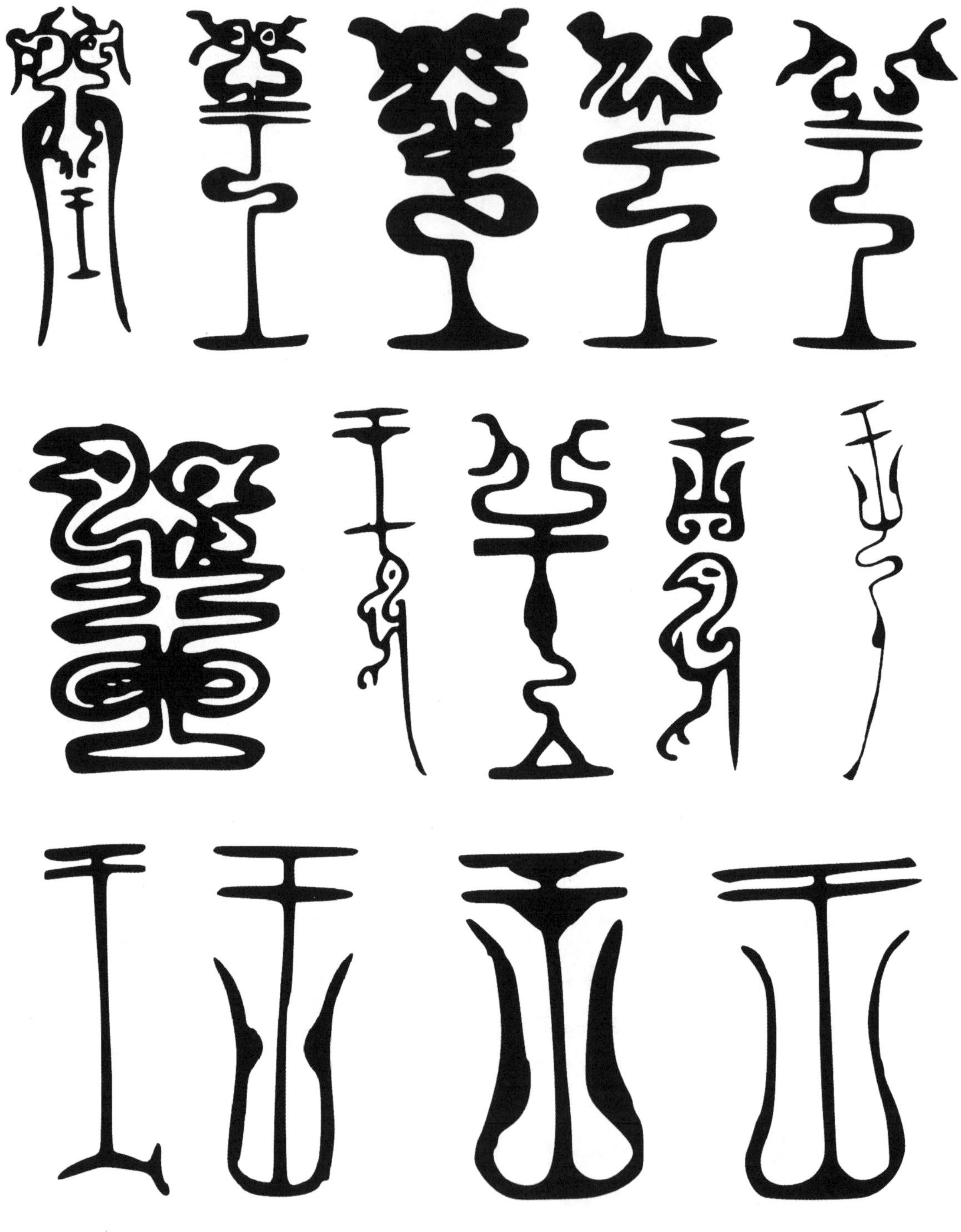

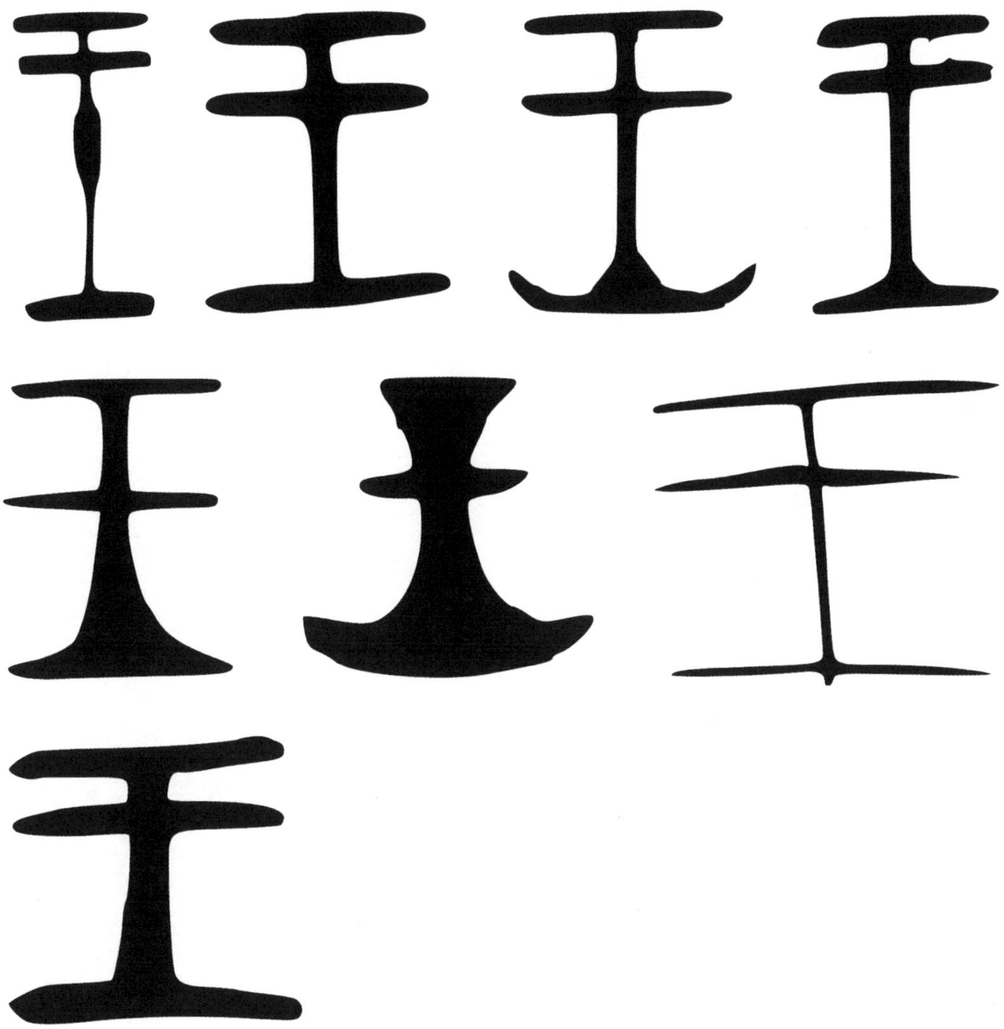

창(戈) 문자에서 왕이라는 글자의 등장은 제사장과 군장을 겸했던 시절, 군장의 역할이 강화되며 제사장의 역할보다는 군사를 지휘하는 역할이 중요해지기 시작함을 보여준다. 씨족사회에서 규모가 커진 초기 부족국가의 탄생이다. 왕을 나타내는 갑골문이나 금문에 수탉 그림이 등장하고 있다.

본 서 제1편에서는 창을 나타내는 고대 글자에 수탉이 등장하고 그 수탉이 왕을 뜻하는 글자로 이어지는 문자 발전의 역사를 추적해 왔다. 제2편에서는 한자의 역사를 추적하려 한다.

제2편

갑골문과 금문, 그리고 과두문자

각 족속에 따라 구별되는 짐승들로 수놓아진
이들 깃발과 이 족속의 발자취를 기록하기 위해 문자를 만들다.
– 허신의 설문해자 서문 재해석 –

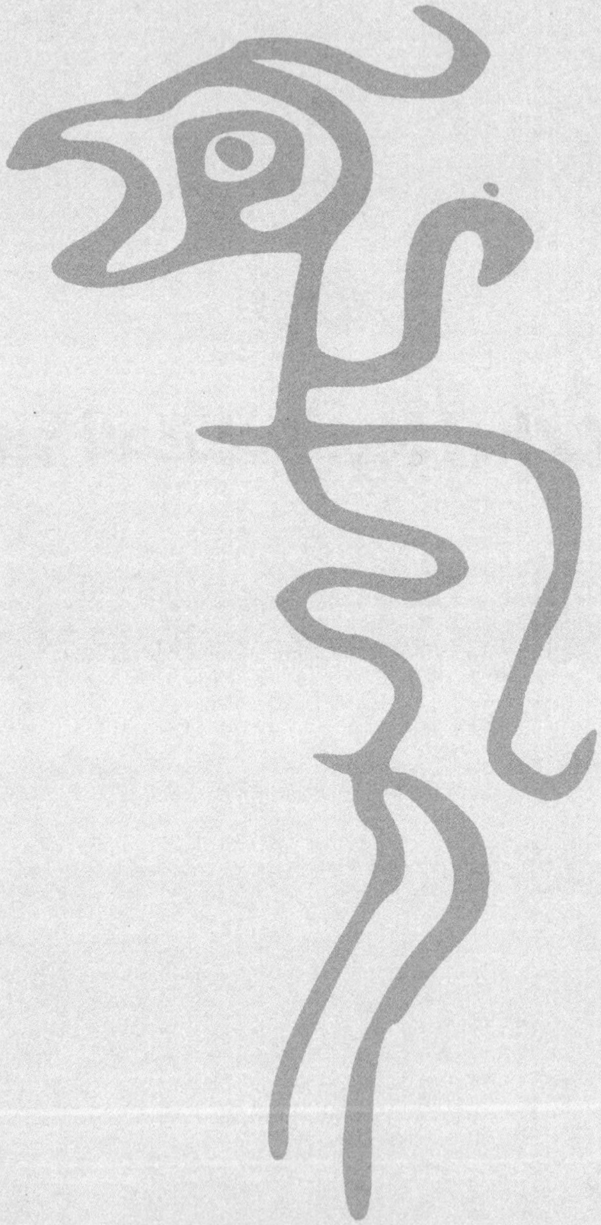

1부
금문과 갑골문

1. 한자는 누가 만들었나

허신(許愼, AD 30 -124)은 [설문해자(說文解字)]의 서문에서 '황제의 사관 창힐은 새, 짐승의 발자국을 보고 그 무늬가 서로 다른 것을 알고 처음으로 서계를 만들었다.(黃帝史官倉頡, 見鳥獸蹄迒之跡, 知分理之可相別異也, 初造書契)'라고 기록하고 있다.

A.D 121년에 발행된 허신의 [설문해자] (30권)은 한자의 모양과 뜻, 소리 등을 체계적으로 해석한 최초의 한자 사전이라 할 수 있으며 현재까지도 동양 학문의 바탕이 되는 불후의 명작으로 추앙받고 있다.

허신은 유가(儒家)의 고전에 정통한 학자로 진나라 초기 고서체(古書體)에 의한 원전(原典)을 중시하는 고문가(古文家)였으나 애석하게도 허신 당시에는 최초의 문자자료라 할 수 있는 갑골문을 접해볼 기회가 없었다. 갑골문이 발견된 것은 근세(1899년)의 일이었다. 또한 진나라 초기는 상나라를 무너뜨리고 들어선 진나라 지배계급이 상나라 왕족들과 관련된 문자에 대한 격하운동을 시작하던 시기였기 때문에 급격한 문자 파괴가

일어나고 있었다. 문자 파괴나 문자 격하는 이 시대뿐만 아니라 역사가 기록되는 모든 시대가 짊어져야 할 숙명과 같은 것이었다. 주나라의 상나라 문자 격하 및 진시황의 분서갱유, 한 무제 당시의 사마천 시대에도 문자를 두고 벌어지는 암투는 대단했다. 지금도 그 싸움은 이어지고 있다.

금문이나 전국, 진.한 시대 죽간과 백서 등, 대량의 자료가 발견된 현대에 들어 허신의 문자해설에 대한 이견(異見)은 당연함에도 그의 한자 풀이 방법인 육서(六書) 이론은 지금도 흔들리지 않고 있다.

허신이 분류한 육서를 간략히 살펴보면 다음과 같다.

상형(象形)-"상형이란 물체의 굴곡(힐곡)에 따라 그 모양을 그린 것으로, 일(日), 월(月)자와 같은 것이다. [象形者, 畵成其物, 隨體詰詘, 日月是也.]"

지사(指事)-"지사는 보면 알 수 있고 살피면 그 뜻이 드러나는 것인데, 상(上), 하(下)와 같은 것이다.[指事者, 視而可識, 察而見意, 上下是也.]"

회의(會意)-"회의는 유형별로 모으고 그 뜻을 합하여 표현하고자 하는 의미를 나타내는 것으로, 무(武), 신(信) 등과 같은 것이다. [會意者, 比類合誼, 以見指撝, 武信是也.]"

형성(形聲)-"형성은 사물의 유형(類形)으로 글자의 뜻을 나타내는 부분[形符]으로 삼고, 그 사물과 발음이 같은 글자로 소리를 나타내는 부분[聲符]으로 삼아 만든 것이며, 강(江), 하(河)와 같은 것이다. [形聲者, 以事爲名, 取譬相成, 江河是也.]"

전주(轉注)-"전주는 같은 부수에 속하는 글자끼리 같은 뜻을 서로 주고받을 수 있는 것을 말하는데, 고(考), 로(老)와 같은 것이다. [轉注者, 建類一首, 同意相受, 考老是也.]"

가차(假借)-"가차는 나타내고자 하는 뜻의 글자가 없을 때 발음이 같은 다른 글자를 빌려서 대신 표기하는 것으로, 령(令), 장(長) 등과 같은 것이다. [假借者, 本無其字, 依聲託事, 令長是也.]

글의 창조 목적은 무엇인가?

허신이 간과한 것이 바로 이 부분이다. 왜 사람은 문자로 기록하고자 했는가 라는 의문을 허신의 육서는 언급하지 않고 있다. 기록한다는 것은 그것이 글자가 됐든 아니면 자기만 아는 표시가 됐든 과거의 어떤 것을 미래에 잊지 않기 위해 현재 남겨놓는 것이다. 곧, 과거의 어떤 행위를 미래에 잊지 않기 위해 현재 표현하는 것이 문자의 첫째 목적이 되어야 한다. 미래를 기록하는 것은 문자의 생성원인이 아니다. 곧 무당이 미래의 일을 예측하기 위해 문자가 필요한 것은 아니었다. 허신의 설문해자에서 빠진 이 '왜' 라는 질문이 이 연구의 출발이었다.

한자를 만들었다는 전설상의 인물인 창힐. 눈이 4개라는 창힐은 수정을 갈아 돋보기로 썼음 직도 하다. 루키우스 안나이우스 세네카(Lucius Annaeus Seneca, BC 4년 ~ AD65년)는 작은 글씨를 읽기위해 돋보기를 사용한 기록이 있으며 그의 제자인 네로황제(AD 37-68 AD) 또한 '에메랄드로 된 안경을 낀 채 검투사 경기를 참관했다.'고 고대 역사가 플리니우스(Pliny the Elder, 23-79 AD)가 기록해 놓았다.

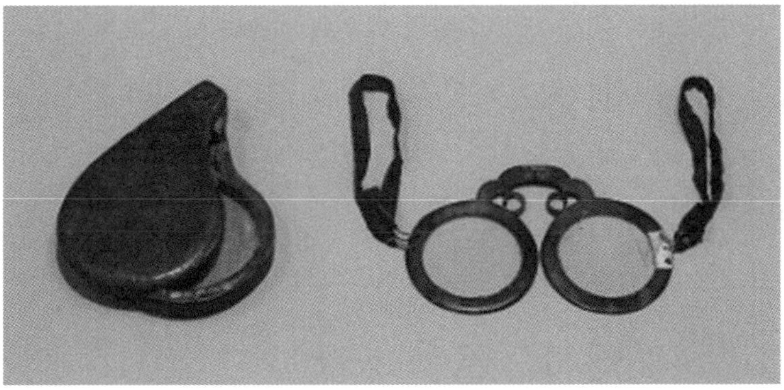

김성일의 안경. 임진왜란이 있기 전, 김성일(1538-1593)이 명나라 사신으로 갔다가 가져온 안경. 임진왜란 당시 조선에 파병된 명나라 장군들이 고령임에도 작은 글씨의 보고서를 직접 확인하며 결재를 하던 모습에 조선 원로대신과 장군들이 깜짝 놀랐다.

창힐(倉頡)은 개인인가 집단인가?

허신이 황제의 사관으로 한자를 만들었다는 창힐은 개인인가 집단인가를 검토해보는 것이 창힐이 문자를 만든 전설상의 인물이 아니라는 것을 확인하는 첫 작업이 될 것이다.

개인이 무엇인가를 잊지 않기 위해 표시하는 것이 아니라면 글이란 사회적 통념을 그 기반으로 삼아야 한다. 사회 구성원 가운데 많은 사람들이 그 형태를 보고 기록자의 의도(뜻)를 알아야 하는 것이 글의 첫째 필수조건이 될 것이다. 창힐이 눈밭에 찍힌 새 발자국을 보고 글을 떠올렸다면 그것은 창힐 개인의 감상(感想)이지 사회적 통념이 될 수 없다.

창힐이 황제의 사관 개인 창힐이 아니라 일정 세력을 갖춘 집단이라면 문제는 달라진다. 그것도 한 두명의 사람이 아니라 지배세력의 균형을 좌우할 대규모 집단이라면 이들이 산등성이 찍힌 새 발자국을 보고 동시에 같은 생각을 떠올렸을 리는 만무하기 때문이다.

> 한 때 천하가 셋으로 나뉘어 서로 대치하고 있었으니 탁의 북쪽에 대효가 있었고 동쪽엔 창힐이 있었으며 서쪽에 황제 헌원이 있었다. 이들은 서로 군대를 가지고 승리를 차지해 보려고 했으나 아무도 이루지 못하였다. 처음 황제는 치우보다 일어남이 조금 늦더니 싸움마다 이로움이 없자, 대효에 의존코자 했으나 이룰 수 없었고 또 창힐에 의존코자 했으나 그것도 뜻대로 안되었으니 이는 두 나라가 모두 치우의 무리였기 때문이다.(삼성기전 하편)
>
> 또 [통지(通志)]씨족략(氏族略)에 <치씨는 치우의 후예>라고 했고 혹은 <창힐(倉頡)은 고신(高辛)과 더불어 역시 모두 치우의 후예이다. 대극성(大棘城)에서 태어나 이리저리 옮겨 다니다가 산동의 회북(淮北)으로 옮겨 살았다 > 하였으니- 진나라 [천문지(天文誌)]

창힐이 개인이 아닌 집단이라면 글(文)을 만들어 사회적 통용이 되도록 했을 그 집단, 혹은 연구소의 이름이 나옴직도 하다.

> 단군은 하염없이 맨손으로 고요히 앉아서도 세상을 평정하고 깊고 묘한 도를 익혀 여러 생령들을 두루 교화하였다. 팽우에게 명하여 땅을 개척하도록 하였고 성조에게는 궁실을 짓게 하였으며, 고시에게는 농사를 장려하도록 맡기셨고, 신지(臣智)에게 명하여 글자를 만들게 하였으며 …우(尤)에겐 군대를 관장하게 하였다. -삼성기전 상편, 단군세기
>
> 임자 12년(B.C 2229년) 신지(神誌)인 귀기(貴己)가 칠회력과 구정도를 만들어 바쳤다. -단군세기
>
> 신축 3년(B.C 2180년) 신지(神誌)인 고글(高契)에게 명하여 [배달유기]를 편수케 하였다. -단군세기
>
> 임자 35년(B.C 2049년) 모든 한(汗)들을 상춘(常春)에 모이게 하여 삼신을 구원산에서 제사케 하고 신지(神誌)인 발리(發理)로 하여금 서효사를 짓게 하였다. -단군세기
>
> 한웅천황은 또다시 신지(神誌) 혁덕(革德)에게 명하여 문자를 만들게 하셨다. -신시본기 제3편
>
> [천부경]은 천제 한국께서 말로만 전해지던 글이니 한웅대성존이 하늘에서 내려온 뒤 신지(神誌) 혁덕(革德)에게 명하여 녹도(鹿圖)의 글로써 이를 기록케 하였다. -태백일사/소도경전본훈

신지(神誌)는 벼슬의 이름으로 개별 사람의 이름이 아니다. 말 그대로 신지(神誌)란 신(神)의 뜻을 기록(誌)하는 관직 이름이었다.

신지(神誌)는 무엇을 기록하였나

창힐이라는 개인이 본 것을 기록한 것이 아니라 신지(神誌)들이 속한 집단, 혹은 부족이 겪어온 지나온 내력을 기록한 것이 글자의 뿌리로 유추될 수 있다. 허신의 상상력처럼 눈 밭에 찍힌 새발자국(鳥跡)이 아니라 수탉(새)를 토템으로 하는 신지(神誌)들, 혹은 창힐들이 속한 집단이 이들 부족의 발자취, 곧 조적(鳥跡)을 기록한 것이 한자의 시원(始原)이 되어야 설득력을 갖게 된다.

신석기 문명에서 청동기 문명으로, 그리고 청동기 문명과 초기 철기문명이 병존하던 시기, 각 부족들이 일정지역을 근거지로 활동하던 부족국가에서 그런 부족들을 통일한 고대민족국가로의 태동기 무렵, 제사장이 군장을 겸임하던 시기, 신의 뜻을 직접 기록해야 했던 제사장은 문자제작을 역할을 담당하는 임무를 맡기고 그 관직을 '신지'라 칭했을 것으로 추측된다.

히브리 족의 역사에서는 모세가 히브리 족속을 이끌고 이집트를 탈출하던 후기 청동기 시대(BC 1500–BC 1200)와 이들 족속이 통일왕조를 이루었던 초기 철기 시대인 사울, 다윗, 솔로몬 시대(BC 1200–BC 1000년), 각각 40년의 통치기간인 총 120년은 이스라엘이 고대국가를 완성해가던 때였다. 제사장과 군장의 분리로 인한 갈등이 가장 첨예한 시기는 초대 사울 왕 때였다. 사울이 왕의 신분임에도 불구하고 제사를 집행하여 사무엘 제사장으로부터 신랄한 비난을 받았을 정도로 왕정 초기에는 제사장의 힘이 우세했으나 점차 힘의 균형추가 왕 쪽으로 기울어갔다.

> 왕이 도엑에게 이르되 너는 돌이켜 제사장들을 죽이라 하매 에돔 사람 도엑이 돌이 켜 제사장들을 쳐서 그 날에 세마포 에봇 입은 자 팔십오 인을 죽였고 제사장들의 성읍 놉의 남녀와 아이들과 젖 먹는 자들과 소와 나귀와 양을 칼로 쳤더라 (삼상 22:18-19)

사울이 초대 이스라엘 왕이 된지 20여년이 지나자 그의 왕위는 견고 해졌으며 왕 초기 시절 자신이 눈치를 봐야 했던 제사장들 또한 왕 앞에서 사사나무 떨 듯 떠는 신세가 되었다.

2. 서융의 깃발과 모세의 깃발

1899년 은허의 발견으로 전설상의 나라인 상나라의 존재를 확인했던 19세기 말, 이 상나라를 멸망시켰던 주나라(周, BC 1046년 – BC 256년) 또한 새롭게 주목을 받았다. 신흥 강국인 주나라를 , 곤경에 빠뜨려 주의 수도를 낙읍(洛邑, 현재의 뤄양 시)으로 동천(BC 771년) 시키기까지 한 견융(犬戎)은 서융(西戎),곧, 서쪽에서 온 오랑캐로 불렸으며 이들의 특징은 '서쪽의 군기를 건 사람들'로 기록돼 있다.

주나라가 군대 깃발을 든 서쪽 오랑캐에게 쫓겨 동쪽으로 수도를 옮긴 BC 771년은 중국 뿐만 아니라 이스라엘 역사 시기와 맞물리고 있다. 앗수르에 의해 북이스라엘이 멸망한 것도 그 무렵인BC 722년이었다.

신흥 강국인 주나라가 수도를 옮길 정도로 강력했던 깃발을 든 서쪽 오랑캐가 불과 몇십년 후 서 아시아를 점령하여 북이스라엘을 멸망시킨 앗수르족속인지는 더 연구가 필요한 부분이다. 어쨌거나 중국이나 이스라엘 부족은 이 비슷한 시기를 거치며 그들에게 철학적 사고가 자리잡기 시작한 것은 사실이다.

중국에서는 주나라의 동천 이후 춘추시대(春秋時代 BC770~BC 403)라 하여 수많은 사상가들(제자諸子)과 그 학파(백가百家)의 등장으로 중국 철학의 황금시대를 꽃피웠다. 앗수르에 정복당한 히브리 족속 또한 민족의 고난기에 수많은 선지자들을 배출시켜 서아시아 산악의 조그마한 족속의 지역신에 불과했던 야훼신을 세계적 종교로 성장시키는 토대를 낳았다.

비슷한 시기에 비슷한 전란과 혼란을 겪고 있던 중국과 이스라엘에서 시대적 사표들이 출현한 것은 우연일지도 모른다. 그러나 이들의 공통점은 전란이 종식되기를 바라며 전란을 통해 수많은 사람들이 목숨을 잃은 것에 대한 회고와 반성이었다. 결국 중국의 사상가들이나 이스라엘 선지자들이 공통으로 주장했던 것은 공동체의 정의였다. 자신들이 속해 있는 집단이 정의롭지 못하다면 그들 미래의 삶은 담보(擔保) 할 수 없다는 것을 직접 체험한 사상가나 선지자들의 호소는 그만큼 간절했다.

이스라엘 12지파 깃발

제사장 모세를 따라 이집트를 탈출하던 BC 15세기경, 히브리 각 족속은 자신들이 속한 집단의 깃발을 따라 움직였다. 성인 장정의 수만 60만을 헤아리니 어림잡아 2백만은 넘는 것으로 추정되는 대규모 인구가 통솔 가능한 아무런 장치 없이 일사불란하게 이동하는 것은 불가능하다. 그들의 신 야훼는 이들이 각 지파의 깃발에 따라 어떻게 진을 치라는 것까지 지시하였다.

이스라엘의 다른 자손들은 저마다 자기 진영 안에, 저마다 자기 부대의 깃발 아래 진을 치고, 레위인들은 증언판을 모신 성막 둘레에 진을 쳐야 한다. 해 뜨는 쪽에 진을 칠 이들은 유다 진영의 깃발 아래 있는 부대들이다. 그 곁에 진을 칠 이들은 이사카르 지파이다. 〈민수기 2장 내용 중〉

3. 허신의 [설문해자]를 다시 해석하다.

한자의 창제를 밝힌 [설문해자] 서문에서 '황제의 사관 창힐은 새, 짐승의 발자국을 보고 그 무늬가 서로 다른 것을 알고 처음으로 서계를 만들었다.' 라고 해석하고 있다. (黃帝史官倉頡, 見鳥獸蹄迒之跡, 知分理之可相別異也, 初造書契)' '

허신이 설문해자에 기록해 놓은 창힐이라는 이름 앞에 그의 직함이 나온다. 사관 창힐, 곧 그는 황제의 명을 따르는 사관이다. 사관의 임무는 무엇인가? 그 질문이 우선해야 했다.

'황제는 이러 이러한 일을 하는 사람으로 아무개를 임명했고 아무개는 이러이러한 일을 하기 위해 무엇인가를 했다.' 기록의 출발이다.

역사 사(史) 갑골문과 금문

역사 史 갑골문과 금문

역사 史의 갑골문과 금문은 손에 넓적한 무엇인가를 높이 들고 있는 꼴이다. 아비 父라는 글자의 갑골문과 금문이 손에 나뭇가지를 들고 있는 모습에서 변화했다면 (본서 '갑골문과 금문으로 해석한 [대학]편에서 풀이) 역사 史에 손이 높이 치켜들고 들고 있는 그림은 단순한 나뭇가지가 아닌,  신의 형상 을 상징하는 표상이 함께하고 있다. 신을 나타내는 깃발을 높이 들고 행군하는 족속의 발자취를 그린 그림이라고 볼 수 있다. 손에 나뭇가지를 들고 있던  제사장을 표기했던 글자와는 확연히 구별된다. (본서 '갑골문과 금문으로 해석한 대학'참조)

見鳥獸蹄迒之跡는 눈밭에 찍힌 짐승 발자국을 보고 한자를 만든 것이 라는 지금까지의 해석 또한 허신의 글을 후세들이 해석한 대표적 오류이다. 허신은 문자의 창제를 언급할 때 눈밭을 언급하지 않았다. **'각 족속에 따라 구별되는 짐승들로 수놓아진 이들 깃발과 이 족속의 발자취를 기록하기 위해 문자를 만들었다.'**로 풀이되어야 한다.

'역사, 史' 글자는 사마천이 [사기]저술 이후에 등장하였다. 더구나 '황제의 사관'이라는 관직명이 생긴 것은 그 후로도 수 천년이 흐른 뒤였다. 공자 당시에도 역사에 대한 개념이 정립되지 않았기에 공자가 썼던 노나라 왕들의 이야기를 역사라 쓰지 않고 춘추(春秋)라 썼다. 춘추라는 표현은 봄과 가을로 세월을 의미한다. 한국어에서는 존칭어로 윗사람의 나이를 물을 때 '나이' 대신 '춘추'라는 용어를 쓰고 있다. 발자취 적(跡)은 개인이나 집단의 살아온 내력을 남긴다는 뜻으로 지금도 한국에서는 일상적으로 사용되고 있다. 공자가 쓴 역사 대신 '춘추'라는 용어는 '춘추필법'이라고 칭해지며 '엄중한 대의명분으로 역사를 평가하는 글쓰기'라는 뜻이다. 조선시대 사관들은 기록으로 남기기 위해 목숨을 내놓는 일을 최고의 명예로 삼았다. 덕분에 한국은 조선왕조실록이라는 근 500년 동안의 기록을 남겼다. 일본, 베트남, 중국 등 유교 문화권인 나라에서는 각 나라마다 왕조의 역사를 실록으로 남겼는데 후손 왕들이 '선대 왕들에 대한 기록물을 보지 못한다.'는 원칙을 지킨 나라는 조선왕조가 유일하다. 조선은 그만큼 기록물이 변조되는 것을 막기위한 장치가 철저하였다.

4. 모세의 제사법과 공자의 제사법

BC 15세기경, 이스라엘 족속의 제사장 겸 부족장인 모세를 따라 이집트에서의 오랜 노예생활에서 탈출하는 과정을 그들의 성경은 자세히 기록하고 있다.

한 집에서 먹되 그 고기를 조금도 집 밖으로 내지 말고 뼈도 꺾지 말 지며. 〈출 12:46〉

애굽 탈출 하루 전날, 모든 이스라엘 족속은 신발까지 신은 채 누룩을 넣지 않은 빵과 뼈를 꺾지 않은 고기를 먹었다는 것은 그들의 야훼 신에게 제사, 곧 밤새 예배를 드렸다는 것을 의미한다.

> 이월 십 사일 해 질 때에 그것을 지켜서 어린 양에 무교병과 쓴 나물을 아울러 먹을 것이요 아침까지 그것을 조금도 남겨 두지 말며 그 뼈를 하나도 꺽지 말아서 유월절 모든 율례대로 지킬 것이니라(민 9:11-12)
>
> 그 모든 뼈를 보호하심이여 그중에 하나도 꺾이지 아니하도다(시 34:20)

이스라엘 족속이 그들의 신 야훼 앞에 진설(陳設)하는 제사상에는 고기가 빠지지 않는다. 신 앞에서는 죄로 인해 죽을 수밖에 없는 인간들이 자신들의 죄를 다른 제물에게 전가시켜 대신 죽게 했다 하여 그 대속물을 '희생제물(犧牲 祭物)'이라 칭했다.

포정은 어느 시대 사람인가?

현대 학자 마서륜(馬敍倫)은 장주(莊周-장자의 이름)의 생애는 서기전 370년 무렵 태어나 약 70세를 살았다고 고증하고 있으나 정확한 생몰연대는 알 수가 없다. 포정이라는 이름은 우리에게 '내가 나비인가, 나비가 나인가'로 유명한 장자의 문혜왕 편에 등장한다.

진시황의 분서갱유(BC 213–BC 212)로 인해 사마천이 사기를 쓰던(BC 108–BC91) 때에는 많은 역사서가 소실되어 연대가 정확치 않으나 맹자에서는 양혜왕(梁惠王), 장자에서는 문혜군(文惠君)으로 기록된 그의 시대는 기원전 370년경 인물로 추측된다. 이 시기는 제사장과 군장의 역할이 명확히 분리됐던 시기이다.

포정해우(庖丁解牛) - 莊子/第三養生主

庖丁為文惠君解牛, 手之所觸, 肩之所倚, 足之所履, 膝之所踦, 砉然嚮然, 奏刀

騞然, 莫不中音。合於桑林之舞, 乃中經首之會。

文惠君曰:「譆, 善哉技蓋至此乎」

庖丁釋刀對曰:「臣之所好者道也, 進乎技矣。始臣之解牛之時, 所見□非〔全〕牛者。三年之後, 未嘗見全牛也。方今之時, 臣以神遇而不以目視, 官知止而神欲行。依乎天理, 批大郤, 導大窾, 因其固然。技經肯綮之未嘗, 而況大軱乎! 良庖歲更刀, 割也;族庖月更刀, 折也。今臣之刀十九年矣, 所解數千牛矣, 而刀刃若新發於硎。彼節者有閒, 而刀刃者□厚;以□厚入有閒, 恢恢乎其於遊刃必有餘地矣, 是以十九年而刀刃若新發於硎。雖然, 每至於族, 吾見其難為, 怵然為戒, 視為止, 行為遲。動刀甚微, 謋然已解, 如土委地。提刀而立, 為之四顧, 為之躊躇滿志, 善刀而藏之。」

文惠君曰:「善哉! 吾聞庖丁之言, 得養生焉。」

포정이 문혜군을 위해서 소를 잡는데, 손으로 쇠뿔을 잡고, 어깨에 소를 기대게 하고, 발로 소를 밟고, 무릎을 세워 소를 누르면, 칼질하는 소리가 처음에는 획획하고 울리며, 칼을 움직여 나가면 쐐쐐 소리가 나는데 모두 음률이 맞지 않음이 없어서 상림의 무악(舞樂)에 부합되었으며, 경수(經首)의 박자에 꼭 맞았다.

문혜군이 말했다. “아! 훌륭하구나. 기술이 어찌 이런 경지에 이를 수 있는가!”

포정이 칼을 내려놓고 대답했다.

“제가 좋아하는 것은 도(道)인데, 이것을 기술에서 더 나아간 것입니다. 처음 제가 소를 해부하던 때에는 눈에 비치는 것이 온전한 소 아님이 없었습니다. 그런데 3년이 지난 뒤에는 온전한 소는 보이지 않게 되었습니다. 지금은 제가 신(神)을 통해 소를 대하고, 눈으로 보지 않습니다. 감각기관의 지각 능력이 활동을 멈추고, 대신 신묘한 작용이 움직이면 자연의 결을 따라 커다란 틈새를 치며, 커다란 공간에서 칼을 움직이되 본시 그러한 바를 따를 뿐인지라, 경락(經絡)과 긍경(肯綮)이 칼의 움직임을 조금도 방해하지 않는데 하물며 큰뼈이겠습니까? 솜씨 좋은 백정은 일년에 한 번 칼을 바꾸는데 살코기를 베기 때문이고, 보통의 백정은 한달에 한 번씩 칼을 바꾸는데 뼈를 치기 때문입니다. 지금 제가 쓰고 있는 칼은 19년이 되었고, 그동안 잡은 소가 수천 마리인데도 칼날이 마치 숫돌에서 막 새로 갈아낸 듯합니다. 뼈마디에는 틈이 있고 칼날 끝에는 두께가 없습니다. 두께가 없는 것을 가지고 틈이 있는 사이로 들어가기 때문에 넓고 넓어서 칼날을 놀리는 데 반드시 남는 공간이 있게 마련입니다. 이 때문에 19년이 되었는데도 칼날이 마치 숫돌에서 막 새로 갈아낸 듯합니다. 비록 그러하지만 매양 뼈와 근육이 엉켜 모여 있는 곳에 이를 때마다, 저는 그것을 처리하기 어려움을 알고, 두려워하면서 경계하여, 시선을 한 곳에 집중하고, 손놀림을 더디게 합니다. 그 상태로 칼을 매우 미세하게 움직여서, 스스륵하고 고기가 이미 뼈에서 해체되어 마치 흙이 땅에 떨어져 있는 듯하면, 칼을 붙잡고 우두커니 서서 사방을 돌아보며 전율로써 성취감을 누립니다. 제정신으로 돌아오면 칼을 닦아서 수습하곤 집어넣습니다.”문혜군이 말했다. “참으로 기막힌 말이다. 내가 포정의 말을 듣고 양생(養生)의 도를 터득했다.”

포정은 소를 도살(屠殺-마구잡이로 죽임)것이 아니라 해우(解牛)한 것으로 기록되어 있다. 문혜왕의 질문에 ‘臣之所好者道也’라 하여 도를 좇아 소를 잡았다고 답하였다. 포정이 답한 도(道)를 언급하기 앞서 포정의 직업을 살펴볼 필요가 있다.

煇者, 甲吏之賤者也。胞者, 肉吏之賤者也。翟者, 樂吏之賤者也。閽者, 守門之賤

者也 - 출전 예기/제통(禮記/祭統)

煇、胞、翟、閽(운,포,적,혼)-4 가지 천한 관리로 운(煇)은 가죽을 다루는 천한 자로 갑옷을 손질하며, 포(胞)는 가축을 도살하는 천한 자이고 적(翟)은 악기를 다루는 천한 자이고 혼(閽)은 문을 지키는 천한 자이다.

공자의 말처럼 포정은 가축을 도살하는 천한 직업이었다. 그럼에도 불구하고 왕과 대화를 나눈다? 더구나 천한 직업에 종사하는 포정이 상림지무(桑林之舞)라는 은나라 탕왕 시절 기우제를 올릴 때의 무곡과 같은 음률을 알고 있었다는 것은 그가 예사 백정이 아닌, 분명 다른 것을 암시하기에 충분하다.

곧, 포정의 직위는 왕과 대화를 나눌 수 있는 자리였으며 제사를 알고 있을 정도로 그 지식이 상당했다. 서아시아에서도 희생물을 다루었던 제사장들의 신분이 가장 천한 직업으로 떨어진 것이 BC 4세기경 전후였다. 이스라엘 민족에서도 제사장의 영향력이 거의 사라진 때가 이쯤이었다.

포정이 언급한 도(道)란 무엇인가

"솜씨 좋은 백정은 일년에 한 번 칼을 바꾸는데 살코기를 베기 때문이고, 보통의 백정은 한달에 한 번씩 칼을 바꾸는데 뼈를 치기 때문입니다. 지금 제가 쓰고 있는 칼은 19년이 되었고, 그동안 잡은 소가 수천 마리인데도 칼날이 마치 숫돌에서 막 새로 갈아낸 듯합니다." - 포정의 답변 中에서

포정의 19년 된 칼날이 숫돌로 막 갈아낸 듯 날카로운 것은 뼈를 치지 않았기 때문이다. 소 뼈를 치지 않고 발라냈다는 것은 그 소가 평소의 음식으로 사용되지 않고 무엇인가 특별한 의식에 사용된 것이 분명하다.

지금은 제가 신(神)을 통해 소를 대하고, 눈으로 보지 않습니다. - 포정의 답변 中에서

비록 포정이 제사상에 오르는 소를 해우할 줄 알았다고는 하나 그 제사의 의미는 몰랐다. 포정과 양혜왕과의 일화를 기록해둔 장자조차 제사의 본뜻과는 멀었다. 그들의 200년 앞선 절대 지존인 공자조차 제사의 의미가 잊혀진 것을 애석해 하였다.

제2부
대학과 중용

1. 동아시아에서 대학과 중용의 위치

솔로몬 사후, 기울어져가고 있던 이스라엘과 마찬가지로, 중원의 패권을 쥐고있던 주나라 또한 '깃발을 든 서쪽 오랑케'에게 쫓겨 수도를 동쪽으로 후퇴시켜야만 했다. 힘과 힘이 맞붙던 전쟁의 시기에는 군대를 갖고 있던 왕의 권력이 제사집단보다 강성할 수 밖에 없었다.

북이스라엘이 앗수르에 의해 멸망 당한 후, 200여 년이 지난, BC 567년 남 유다 또한 오리엔트의 신흥 강국의 압박을 받아야만 했다. 바벨론의 네부카드네자르왕이 예루살렘 성전이 철저히 파괴하던 당시, 이스라엘에도 선지자들을 통한 철학의 황금시대가 열리기 시작했다.

하박국, 예레미야, 에스겔등 이스라엘을 대표하는 수많은 선지자들은 히브리 족속들이 베벨론으로 끌려가는 상황을 지켜보거나 같이 끌려가야만 했다. 이스라엘 멸망의 대환난 시절, 끊임없이 자신들의 신을 통한 민족 부흥에 대한 예언을 선포했던 선지자들 또한 민족의 존망 앞에서 인간의 존재에 대해 깊은 성찰을 가질 수밖에 없었다.

거의 같은 시기, 중국에서도 이스라엘처럼 제사장의 위치가 왕의 위세에 밀려나고 있었다. 공자 때에 이르러는 이미 제사의 주인공인 신은 거의 사라지고 그 신의 자리에 왕이 대치된 상황이었다. 야만의 전국시대를 극복하기 위해 인간이라면 마땅히 걸어가야 할 대의명분을 강조하여 [춘추春秋]라는 역서를 남겼다.

공자의 가르침을 따르는 자들을 유생(儒生)이라 하여 이들이 최고 신조(信條)로 삼고 있는 '대의명분(大義名分)'은 지금까지도 동양에서 가치관과 세계관의 가장 중요한 초석이 되고 있다. 동양에서 [대학]과 [중용]은 [성경]의 영향력을 뛰어넘는다. 동영인들의 생활철학 바탕에는 공자의 가르침이 깊게 자리하고 있음에도 많은 사람들이 타종교를 거부감 없이 받아들인 것은 유대인의 신과 유생들이 따르는 '하늘의 도'가 큰 차이가 없었기 때문이다. 주희가 완성한 성리학의 요체는 '하늘의 도'를 따르는 것이다.

주나라를 태평성대의 이상향으로 삼고 있던 공자는 그의 생전에 제사의 나라로 알려진 주나라의 제사방법만이라도 남겨놓고자 하였다. 그러나 공자 사후 근 2500년 동안 인문과학, 곧 사람 (황제와 권력자) 중심으로 大學과 中庸이 해석되어 왔으며 해석자들의 정치적 목적에 따라 통치철학화 됨으로써 공자가 본래 의도했던 의미와는 전혀 관계없이 해석되고 편집되어 내려왔다.

[대학(大學)]은 예기(禮記) 49편 가운데 제42편으로 그 작자가 명확치 않다. 다만 공자 사후 수 백 년 동안 첨삭, 가필되어 오다가 진(秦), 한(漢) 대에 이르러 그 내용이 출판된 것으로 보고 있다.

[중용(中庸)] 또한 [예기] 제31편에 들어있던 것으로 사마천(司馬遷, B..C 145-B.C.86?)과 공영달(孔穎達, 574-648), 정현(鄭玄,127-200), 반고(班固,32-92) 등의 학자들은 그 작자를 공자의 손자인 자사(子思)로 보고 있으나 [중용]본문 제 5장 2절 '지금 천하의 수레는 궤폭이 같고 글은 문자가 같으며 행동은 같은 윤리를 따른다(今天下車同軌, 書同文, 行同倫)의 기록을 들어 진(秦), 한(漢) 시대의 작품으로 보는 사람들도 있다.

공자는 주왕조 이후 변질되는 제사에 대해 그 방법만이라도 기록하고자 하였다. 공자 때에 이르러는 이미 제사의 핵심인 신의 개념이 희미해지고 그 신의 자리에 인간이 대치되고 있는 상황이었다. 하늘, 곧 신에게 드리는 제사와 죽은 조상에 대한 제사가 혼용되던 시기였다. 예기가 신과 인간(왕 중심)이라는 2중적 의미를 갖게 되는 이유가 거기 있다. 공자 사후 지금까지 근 2500년 동안 인문과학, 곧 사람 (황제와 권력자) 중심으로 大學과 中庸이 해석되어 왔으며 해석자들의 정치적 목적에 따라 통치철학으로써 공자가 의도했던 의미와는 전혀 관계없이 해석되고 편집되어 내려왔다. 2500년이라는 학문의 권위에 쌓여 도도히 흘러온 편견의 강폭은 좁아질 기미가 보이지 않았다.

2. 도도한 편견의 강 뛰어넘기

대학과 중용을 갑골문과 금문으로 해석해야 하는 이유

大學之道在明明德在親(新)民在止於至善(대학지도 재명명덕 재친민 재지어지선)

'대학의 도는 밝은 덕을 밝히는데 있으며 백성을 새롭게 하는데 있으며 지극히 착함의 머무름에 있다.'

공자가 들으면 까무러칠 해석이다. 2500여 년이 지난 지금도 그 해석이 저 범주를 벗어나지 못하고 있다. 공자 사상을 집대성하여 성리학을 완성시킨 주희가 예기의 총45편 가운데 제42편을 '대학장구'라 주석하였다. 이후 '대학'은 사서(四書-대학, 논어, 맹자, 중용)의 한권으로 격상되어 지금까지 고위관리 임명시험의 필수과목이 되고 있다.

어느 날, 공자의 제자인 계로가 물었다. "귀신을 어떻게 섬겨야 합니까?"

스승인 공자가 답했다. "사람도 섬기지 못하는데 어찌 귀신을 섬기겠는가"

季路問 事鬼神 子曰 未能事人焉能事鬼
다시 계로가 물었다. "감히 죽음에 대해 묻습니다."
공자가 답했다. "삶도 모르는데 죽음을 어찌 알겠는가"

敢問死 曰 未知生焉知死
공자의 제자들이 스승의 언행을 기록한 논어의 술이편(述而篇)나오는 대목이다.
제자들은 덧붙이길 '子不語怪力亂神이라 하여
'공자께서는 괴이함과 용맹스러움과 혼란스러움과 귀신에 대해선 말씀하지 않으셨다.'고 기록하였다.

그러나 이 글조차 공자가 직접 언급한 내용이 아니다. 대학 또한 후학들이 한나라 시대에 들어 예서문자로 편찬한 것이다. 공자 사후 공자의 집에서 공자당시 문자인 과두문자로 기록된 죽간이 발견되었으나 어쩐 일인지 사라지고 말았다.

1711년 조선은 6대 쇼군 즉위를 축하하는 외교사절단을 일본에 파견했다. 조선측 임수간은 일본측 대표인 '아라이 하쿠세키(新井白石)'와의 필담(筆談) 을 외교보고서인 '강관필담(江關筆談)'두 권으로 남겼다. 新井白石은 성리학 뿐만 아니라 역사, 세계지리, 언어학에 능통한 일본 최고의 학자로 제 6대 쇼군에 등극한 도쿠가와 이에노부(德川家宣)의 오랜 스승이었다.

종사관 이방언이 물었다, "선진(先秦) 시대(時代)의 서적(書籍)을 귀국(貴國)만이 보전(保全)하고 있다는 말을 일찍이 육일수도가(六一繡刀歌)에서 들었습니다, 지금도 혹시 한두 가지 전(傳)해 오는 책이 있습니까?"

新井白石이 답했다. "본국(本國)의 출운주(出雲州-지금의 도근현(島根縣) 지방)에 큰 신묘(神廟)가 있어 세상 사람들이 큰절이라 부릅니다 이 대사(大社) 안에 죽간(竹簡)에다 칠서(漆書)한 것이 수백(數百) 장(莊)[(張)] 있습니다. 이것이 바로 <고

문상서(古文尙書)>입니다"

부사(副使) 임수간이 종사에게 되물었다. "그렇다면 그 서적(書籍)은 반드시 과두체(蝌蚪體)로 쓰여진 것일 텐데 그것을 알아보는 이가 있으며, 또는 등사본(謄寫本)이라도 전(傳)해 오는 것이 있습니까?"

新井白石 대신 답(對答)했다. "본국(本國)의 풍속(風俗)은 신비(神秘)한 것을 중(重)히 여기고 있습니다, 더구나 신묘(神廟)에 비장(秘藏)되어 있어서 속간(俗間)에선 등사(謄寫)할 수 없으니 한(恨)스러운 일이라 하겠습니다." 이어서 , "미장주(尾張州) 열전궁(熱田宮)은 공(公)들께서 거쳐 온 곳입니다만, 이 궁안에도 죽간(竹簡)에다 칠서한 것이 두서너 책(策) 있는데, 대개(大槪)가 과두문자(蝌蚪文字)라 합니다"

종사 이방언이 물었다. "귀국(歸國)할 때 좀 볼 수 있겠습니까?"

新井白石이 대답(對答)했다, "이미 비장(秘藏)되어 있는 문자(文字)이거늘, 어떻게 보여 드릴 수 있겠습니까?" <동사일기 1권 곤(東槎日記 坤)중에서>

올챙이 머리를 닮았다는 과두문자의 행방은 공자 사후 2천년이 넘는 동안 모든 유학자들의 가장 큰 관심사 가운데 하나였다.

갑골문과 금문으로 해석한 대학

배울 學–누가 무엇을 누구로부터 배우는 것인가

배울 學의 金文과 甲骨文

배울 學은 두 손으로 술잔을 거듭 올리는 모습과 그 제단 앞에 한 사람이 절하는 모습, 그리고 그 옆에 나무가지를 들고 있는 손의 모습이 합쳐진 글자이다. 상고금문에서도 간혹 생략되던 나무가지를 들고 있는 손의 모습을 살펴봄이 대학에 대한 해석의 첫 열쇠가 될 것이다.

칠 복(攴.)

배울 학에서 사라진 칠 복(攴.) 제사 제(祭)자의 금문을 통해 칠 복(攴)의 금문과 쓰임을 살펴보는 것이 우선해야 할 듯하다.

제사 제(祭)의 금문은 신을 나타내는 글자인 보일 시(示)와 신에게 올려지는 희생제물을 뜻하는 육달 월(月)과 칠 복(攴)으로 되어있다.

고기육의 금문

고기 육(肉)

고기 육 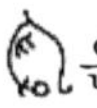은 사람 안에서 손 으로 또 다른 사람을  꺼내는 모습을 보여준다. 이 글자가 점점 단순해지며  등의 형태로 변화한다. 달 월(月)과 구별하기 위해 육달 월이라 이름 붙이고 한자 구성에서도 차이를 두었다.

> 고기를 뜻하는 육달 월(月)은 -肝(간 간), 豚(돼지 돈), 肩(어깨 견) 등 몸이나 고기와 관련돼 쓰이고 글자의 왼쪽이나 아래쪽에 쓰인다. 달 월(月)의 쓰임- 期(기약할 기), 朝(아침 조), 望(바랄 망) 등 시간과 관련되어 쓰이고 글자의 오른쪽에 쓰인다.

제사상 옆에서 나무가지를 들고 있는 사람이 절하는 사람을 때리려 한다는 것이 상식적으로 이해될 것이 아님에도 칠 복 (攴) 이라 불려지는 이 나무가지를 든 모습이 무엇인가를 때리려 한다는 식으로 해석되어 온 것이 수 천년을 넘어 지금까지 이어지고 있다.

가르칠 교(教)에도 칠 복(攴)이 나타나고 있다.

가르칠 교

기를 목

3. 소(牛)와 양(羊)은 제사의 희생제물을 의미

2500여 년이 넘는 세월동안 전통과 학문적 편견에 사로잡혀 전해진 대표적 글자가 소 우(牛)라는 글자다.

> 허신 [許愼, 30~124]은 설문해자(說文解字)에서 '소(牛)는 일하다.'라고 하였다. 송나라 초기 태종 옹희 3년 (986년) 황제의 명을 받은 서현(徐鉉 917-992)은 허신의 설문해자를 교정하며 소(牛)를 언급하길 '큰 희생물이다(大牲也.)'이라고 하였다.

동양철학에서 근세 최고의 위치를 차자하고 있는 단옥재 (段玉裁, 1735~1815)선생은 1808년에 완성한 〈설문해자주〉에서 다음과 같이 비판하였다.

> 淺人(천인)들이 허신의 설문해자에서 언급한 '牛는 일하다.'라는 의미를 고쳐서 '큰 희생물이다(大牲也.)'라고 한 것은 잘못이다. -단옥재의 <설문해자주> 中에서

동양학의 거두조차 자신보다 천년 대선배를 천인이라 하여 공박하였다.

소나 양을 몰고 다니는 목동들이 손에 나뭇가지를 들고 있다고 해석하기 보다는 소나

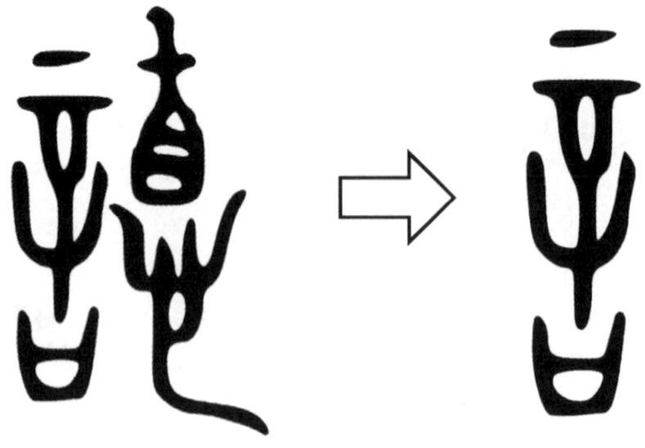

양의 의미가 어떻게 쓰이고 있는 지를 추적하는 것이 칠 복(攴)에 대한 좀 더 깊은 접근이 될 것이다.

이스라엘의 솔로몬 왕 시절 제사 규모

> 63. 솔로몬이 화목제의 희생제물을 드렸으니 곧 여호와께 드린 소가 이만 이천 마리요 양이 십 이만 마리라 이와 같이 왕과 모든 이스라엘 자손이 여호와의 성전의 봉헌식을 행하였는데 64. 그 날에 왕이 여호와의 성전 앞뜰 가운데를 거룩히 구별하고 거기서 번제와 소제와 감사제물의 기름을 드렸으니 이는 여호와의 앞 놋제단이 작으므로 번제물과 소제물과 화목제의 기름을 다 용납할 수 없음이라 65. 그 때에 솔로몬이 칠 일과 칠 일 도합 십사 일간을 우리 하나님 여호와 앞에서 절기로 지켰는데 하맛 어귀에서부터 애굽 강까지의 온 이스라엘의 큰 회중이 모여 그와 함께 하였더니- 성전 봉헌식 제사 (열왕기상 8:62-66)

중국의 국가 경축제사(國慶祭祀)

최근 청나라 말기까지 중국 황제는 매년 상제(하나님)께 국가 경축일에 제사를 드렸다. 희생제물의 수는 기록돼 있지 않으나 희생제물을 불태웠던 제사용 그릇들을 보면 그

규모를 알 수 있다. 솔로몬왕은 40일 동안 2만 2천 마리의 소와 12만 마리의 양을 드렸다는 기록이 그들의 경전에 전하고 있다.

황제가 직접 제주가 되었던 천제단(Temple of Heaven)

소를 번제 드렸던 곳-그 규모가 소 한 마리를 통째로 불사를 정도로 크다

양을 불살랐던 제기(祭器)용 화덕

4. 제사장(⺕)에서 아비 부(父)로 변천

낱 枚의 金文과 甲骨文

종이나 유리 등을 셀 때 사용되는 낱 매(枚)라는 글자의 금문들이다. 이 글자에서는 손으로 나무가지를 들고 있는 것이 확연히 드러나고 있다.

나무가지로 때리기 위함이 아니라 J.G 프레이져의 황금가지(The Golden Bough)에 나오는 주술사가 들고 있는 나무가지가 이 글자에 대해 더 설득력 있는 해석이다. 요즘도 한국의 무당들은 신내림의 징표로 나무가지를 흔들고 있다.

제사장이라는 위치가 시간이 지남에 따라 직계 자손인 아들에게 이어지듯, 神을 들고 있는 제사장을 뜻하는 칠 복(攴)이라는 글자 또한 아비부(父)로 연결된다.

제사장이 왕으로

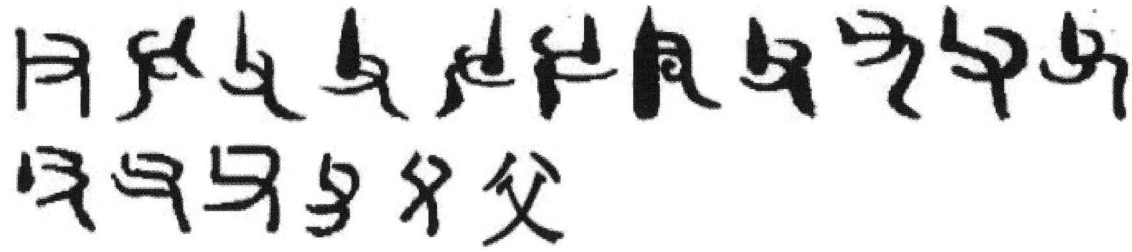

시간이 갈수록 제사장이  들고 있던 나뭇가지가 굵어진다. 이 글자가 제사장에서 아비 부(父)로 뜻이 바뀔 즈음이 제사장과 군장의 위치가 뒤바뀔 때이다. 최고권력이 제사장에서 왕으로 변천됐다는 것은 아비의 위치가 자식에게 세습되기 시작했음을 의미한다.

5. 대학 제1강 해석

在明明德(재명명덕)

한국에서 큰 덕(德)이라는 글자는 이름을 지을 때 가장 많이 사용되고 있다.

동양사회의 가장 높은 지배계층인 유생들이 최고의 이상으로 삼는 글자가 바로 덕(德)자다. 在明明德(재명명덕)을 '하늘, 곧 하나님의 밝은 덕을 밝히다.'로 공자이래 지금까지 추상적으로 해석해 오고 있다. 그림 문자는 이러한 추상적 의미를 구체적 그림으로 보여주고 있다.

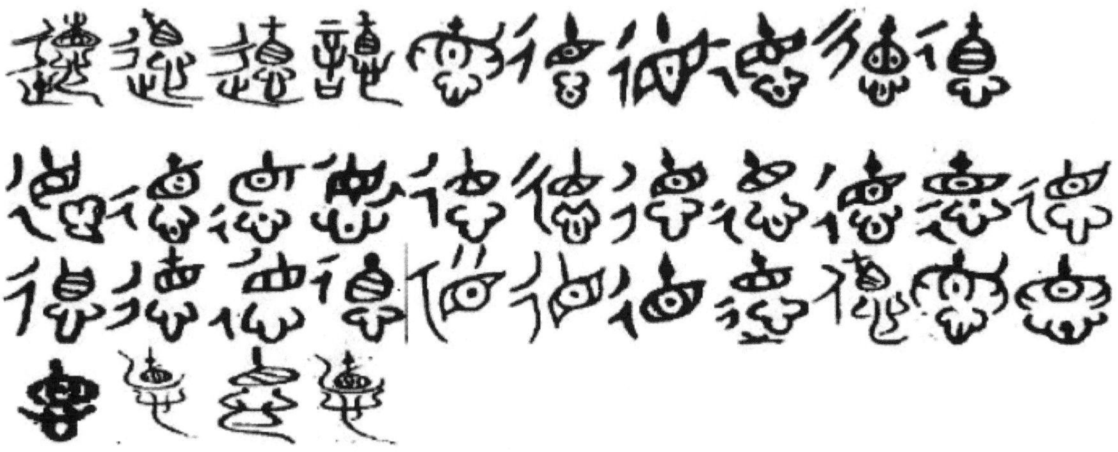

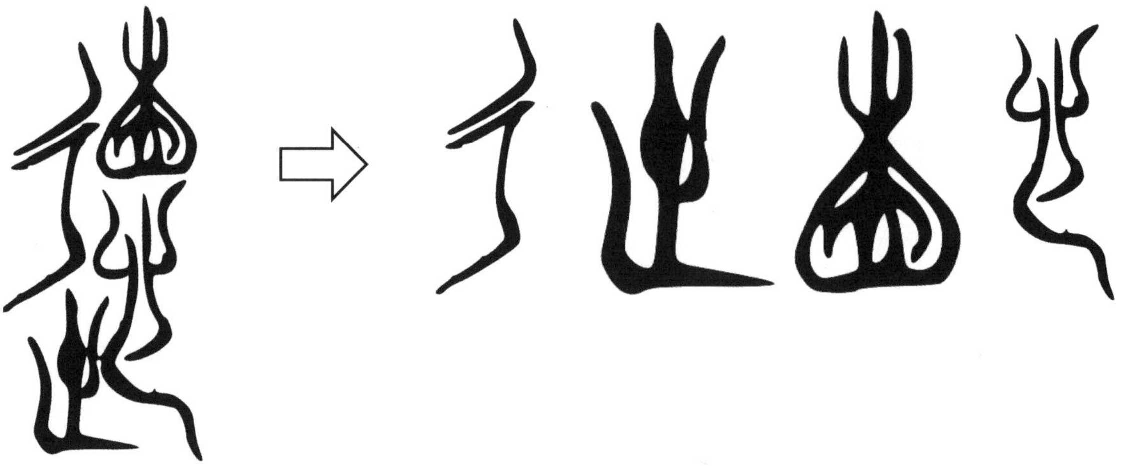

큰 덕(德)의 금문

큰 덕이라는 글자는 두사람 과 바를정 (正) 신을 나타내는 표시와 함께 쓰인 눈 목 (目) 그리고 마음 심 (心)으로 조합돼 있다.

바를 정(正)

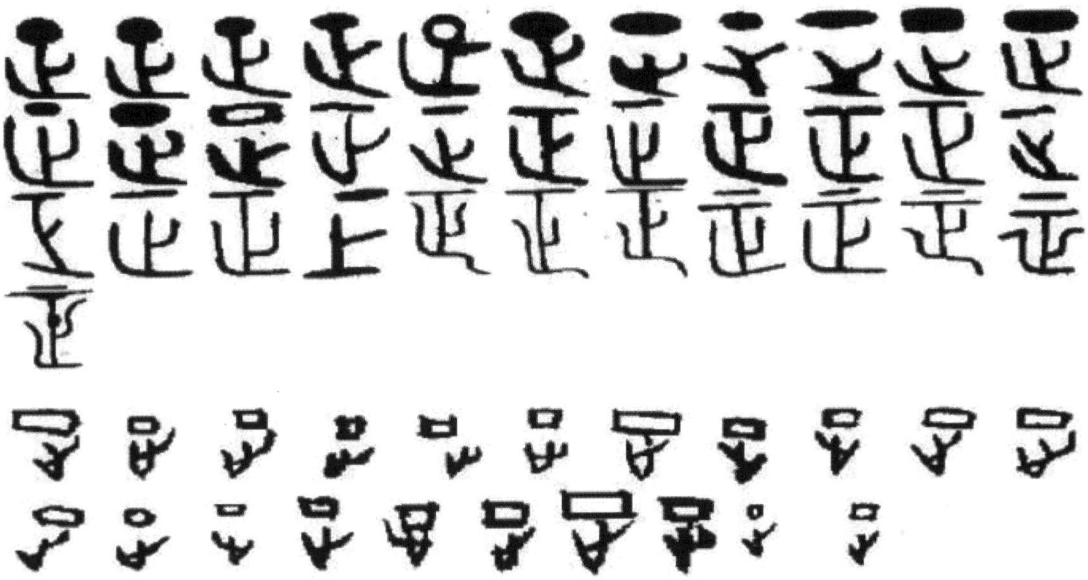

바를 정(正)의 금문과 갑골문

'바를 정(正)금문에서는 입 구(口)자가 빠지지 않는다. 하늘에 두 손을 들고 비는 모습을 그린 것'이라 필자가 해석하는 것은 이 덕(德)자의 변환이 강력한 증거가 된다. 바를 정(正)에 덕 자의 갑골문과 금문을 그렸던 문자 제작자들은 그 의도를 정확히 알고 있었다. 지배층들은 바를 정()의 동그란 머리부분이 올챙이 머리를 닮았다 하여 과두문자라 칭하였고 조각 칼로 이 부분을 도려내거나 심지어 과두문자가 등장하는 책들을 모두 감추었다. 신에게 기도하는 모습을 '바르다'고 해석하였으니, 신, 곧 제사장을 대치했던 왕에게 충성하는 것만이 최고의 바른 것이 되어야 했던 유학자들의 근본 철학이 송두리째 흔들릴 상황이었다. 신의 본뜻을 잃어버린 시대를 살았던 공자에게는 유학자(바른 길을 가는 사람들)의 최고 이상을 요임금과 순임금으로 삼을 수밖에 없었다.

두 사람이 기도하는 모습이라는 뜻이 말씀 언 (言)으로 변해간다. 〈본 서 착할 선(善)자에서 추가 설명〉

마음 심(心)은 심장을 그린 것

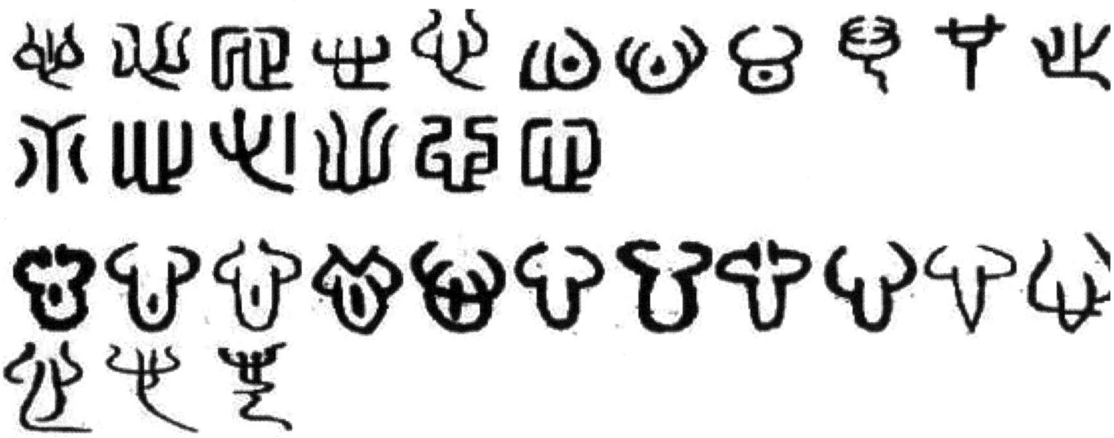

마음 심(心)의 금문과 갑골문

아무리 자식도 미운 짓을 하면 밉게 보인다. 가슴이 뛰지 않는다. 그러나 아비를 알아보고 아비를 향해 아장아장 걸어오는 것을 보며 가슴이 뛰지 않는 아비가 어디 있으랴. '두 사람 이 기도하는 모습을 신께서 바라보며 심장이 뛸 정도로 기뻐하셨다.'가 덕이라는 그림 글자다. 창조주의 사랑을 그림으로 그린 것이다.

눈 목(目)

눈 목(目)의 금문과 갑골문

눈 목, 그림에 신을 나타내는 그림 이 더해지면 신께서 바라보다가 된다.

신을 어떻게 그림으로 그렸는가

보이지 않는 것을 눈으로 보이는 그림으로 나타낸 대표적 글자가 보일 示이다. 하늘에 있는 신(伸)이 내려와야만 눈으로 볼 수 있다. '하늘'과 '내려오다.' 의 의미가 필요했다.

보일 시(示)는 '눈으로 보다'가 아니다. 사람이 눈은 눈목 (目)자를 그리면 된다. 허신은 AD 100년 보일 시(示) 를 당시의 철학적 사고로 풀이했다.

天垂象見吉凶所以示人也從二三垂日月星也觀乎天文以察時變示神事也凡示之屬皆從示

'示'는 하늘에서 상(象)을 내려주는 것인데 이는 길흉(吉凶)을 보여 사람들에게 제시(提示)하려는 것'이다. 二(상)으로 구성되어 있다. (자형에서)세 줄이 내려져 있는 것은 해, 달,별이다.이것으로 천문을 관찰하고 시간의 변화를 살펴서 신이 하는 일을 보여준다.示부에 속하는 한자는 모두 示의 의미를 따른다. <염정삼 저 <단옥재 저 '설문해자주 부수자 역해'> 22p-서울대학교 출판부>

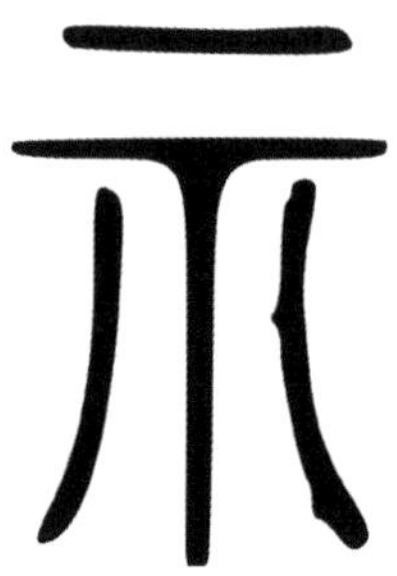

허신이 설문해자에서 사용한 보일 시

설문해자를 쓰고 나서 1,800년이 지나서야 갑골문이 발견되었다. **'示之屬皆從示 示부에 속하는 한자는 모두 示의 의미를 따른다.'**면 初 처음 초, 被 입을 피 글자는 어찌 풀 것인가.

신께서 아담과 하와를 위해 처음으로(初)칼을 사용했으며, 신께서 그 칼로 짐승의 가죽(皮)을 벗겨 옷을 입혀주었다? 옷 의(衣)자의 풀이를 살펴보면 다음과 같다.

依也上曰衣下曰裳象覆二人之形凡衣之屬皆從衣

'衣'는 의지한다는 뜻이다. 상의를 '衣'라 하고 하의를 '裳(상)'이라 한다. 두 개의

'人(인)'을 덮은 모양을 상형하였다. 衣부에 속하는 한자는 모두 衣의 의미를 따른다. <엄점상의 단옥재 '설문해자주'부수자 역해p393>

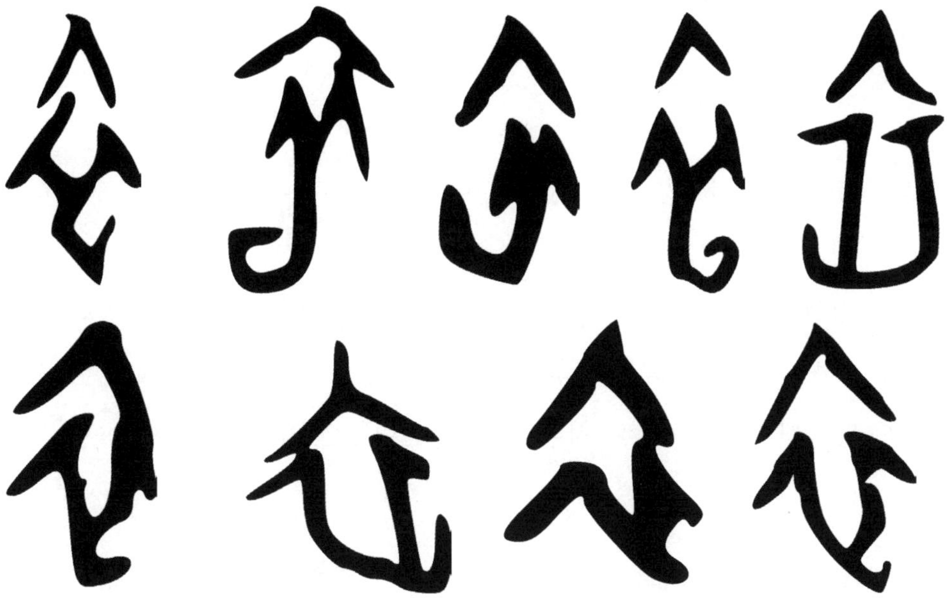

옷衣 갑골문

옷의 금문

설문해자에서 사용한 衣 금문

단옥재(段玉裁, 1735~1815)는 중국 청나라 때 학자로 평생을 바친 〈설문해자주〉의 출판을 보고나서야 사망했다. 그의 묘지명을 쓴 왕녕손은 허신의 '설문해자'를 풀이한 단옥재가 쓴 〈설문해자주〉 서문에 "1천 7백년 이래로 이러한 저작이 없었다."라는 찬사를 남겼다.

이런 대작을 쓴 단옥재조차 1천 7백년전 허신이 쓴 〈설문해자〉에 의문을 달았다.

> '허신은 무엇때문에 "두 개의 人(인)을 덮었다.[覆二人]"라고 했는가? 그것은 귀한 사람이나 천한 사람이나 모두 덮어주기 때문이다.'라고 풀이했다. 애석하게도 청대 최고 학자 단옥재의 사후 80년이 지나서야 갑골문이 발견(1899)되었다.

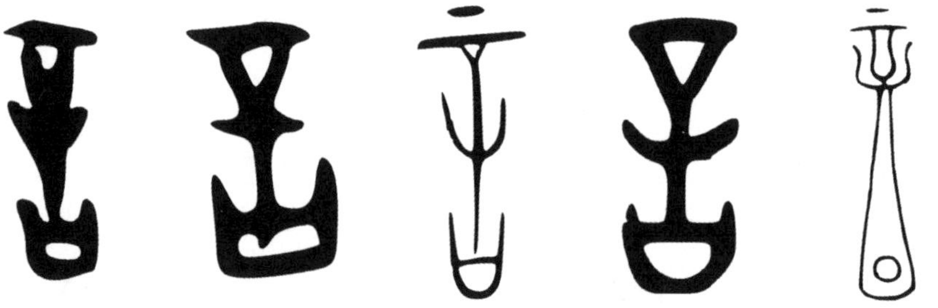

말씀 言 갑골문과 금문

6. 과두문자(蝌蚪文字)로 해석한 在明明德(재명명덕)

대학의 핵심 在明明德(재명명덕)은 '하늘의 밝은 덕을 밝히다.'라는 추상적 해석으로 공자 사후 2천년이 넘게 해석돼 오고 있다. 그러나 갑골문과 금문으로 추정되는 과두문자의 해석은 다름과 같다.

아들들()이 두 손을 들고 기도()하는 모습을 하나님()께서 바라보며() 가슴 뛰며 () 즐거워한다는 것을 밝히고 그것을 가르치는 것이 올바른 길(제사)이다.

신의 천지창조 목적을 선포한 것이라 할 것이다.

> 너를 보고 기뻐 반색하시리니 사랑도 새삼스러워라. 명절이라도 된 듯 기쁘게 더덩실 춤을 추시리라. (스바냐 3:17<공동번역>)

7. 在親民

친할 親

친할 친의 금문과 갑골문

친할 친(親)은 신()앞에 무릎 꿇고 신을 바라보고 있는 사람()을 그렸다.

아비와 자식 간의 친함이 아니라 신과 인간과의 관계를 나타내는 글자이다. 성리학의 태두인 주희는 그의 대학 경문 1장(大學 經文一章)에서 이 친할 친(親)을 새 신(新)자로 바꾸는 대단함을 보였다. 그것은 그의 학문적 족보 선대인 정이천(程伊川, 1033-1107)이 그렇게 바꿔 풀이했고 그의 사후 태어난 주희(朱熹, 1130 – 1200)는 정이천의 학문적 법통을 이어받아 성리학으로 완성해냈다.

공자가 대학을 논하던 시기는 친(親)이든 신(新)이든 백성 (民)은 문자를 거론할 대상이 아니었다. 국가의 근본을 구성하는 백성이 사람으로 대접받은 것은 그 후 수 세기도 지난 후였다. '백성을 가르쳐서 새롭게 한다.'거나 '백성과 친하다.'는 생각은 지극히 불한 사상이었다. 피지배계층이 문자를 안다 거나 똑똑해 지는 것은 지배층을 위협할 소지가 다분했다.

문자는 최고 지배층과 제사장들의 전유물이었다. 성경 또한 1517년 마르틴 루터의 독일어로의 성서 번역을 통해 누구나 성서를 읽게 하기까지 특정 계층만 사용할 수 있었다. 한국에서는 1446년 세종대왕의 새 문자인 '훈민정음'의 반포로 인해 일반인들도 글자를 익히게 되었다.

친민(親民)이란 신 앞에서() 회개의 눈물

백성 민(民)

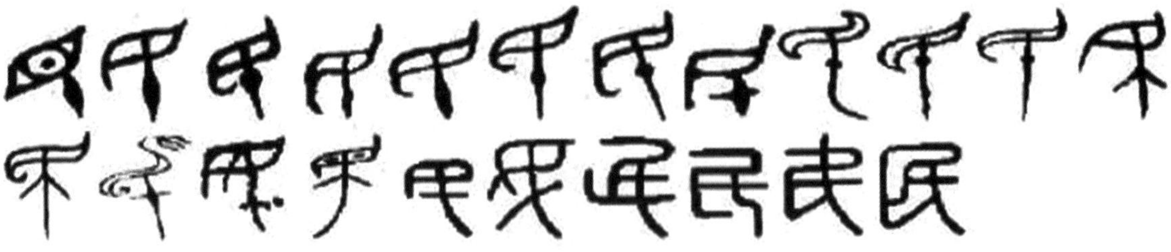

백성 민(民)의 금문과 변천과정

백성 民의 금문은 눈에서 흐르는 닭 똥 같은 눈물을 누구라도 상상할 수 있게 그려내고 있다. 이러한 닭 똥 같은 눈물이 죽간에 옻칠을 할 때 끈끈한 칠 액이 많이 묻어서 뭉툭해져서 올챙이 머리를 닮았다 하여 과두문자로 불리어졌으며 그 닭 똥 같은 눈물은 지배층의 눈 밖에 나 2500년이 지난 지금까지 행방불명이다.

과두문자 생성이 칠 액이 너무 흘려서 때문이라는 학자들의 주장은 죽간의 제작과정을 모르기 때문이다. 좁은 대나무 조각에 많은 글자를 새기기 위해서는 글자를 아주 작게 칼로 파내야 한다. 과두문자가 칠 액이 뭉쳐서 생겼다는 주장이 맞으려면 음각으로 대나무에 문자를 새길 때보다 칠할 때가 훨씬 힘이 든다. 칠 액이 가득 든 통에 한번 넣었다가 꺼내서 대패로 밀면 음각으로 파내진 부분만 채색된다. 과두문자는 칠 액 때문이 아니라 의도적으로 새겨진 분명한 뜻이 있는 글자다.

친민(親民)이란 백성과의 친함을 의미하는 것이 아니라 신 앞서의() 눈물()을 고대문자는 너무도 선명히 보여주고 있다.

8. 제사의 본질을 나타내는 착할 선(善)

在止於至善(재지어지선) 백성을 교화시켜 지극히 착하게 살게 한다?

착할 선(善)

공자의 명성과 학문적 권위를 이용하여 유생들은 자신들의 영역을 난공불락의 요새로 수 천년을 쌓아왔다. 그들 지배층들에게 백성은 언제나 착한 피지배층으로 존재해야 했다. 학문적 전통과 권위가 백 년만 쌓여도 일파를 이루는 마당에 수천년 쌓아진 후라면 이들의 학문적 기득권은 '태영이 지구를 돈다.'는 천동설을 뒤집는 것보다 힘들 것이다.

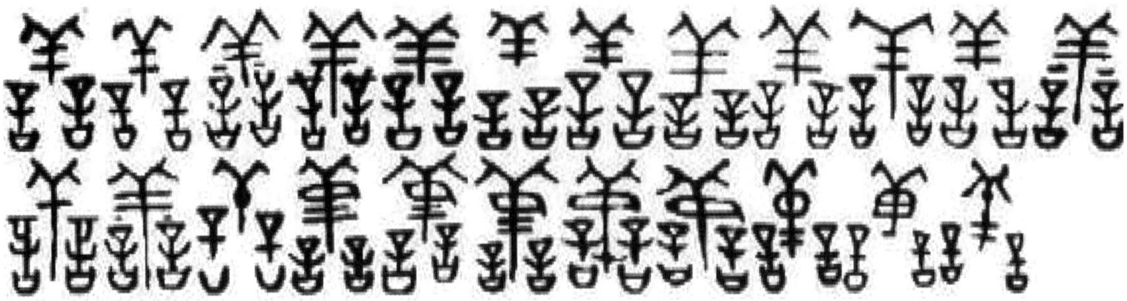

착할 선(善)의 금문과 갑골문

착할 선(善)자의 금문은 양(羊)과 두 개의 말씀 언(言)으로 되어있다.

소(牛)와 양(羊)은 제사의 희생제물을 의미

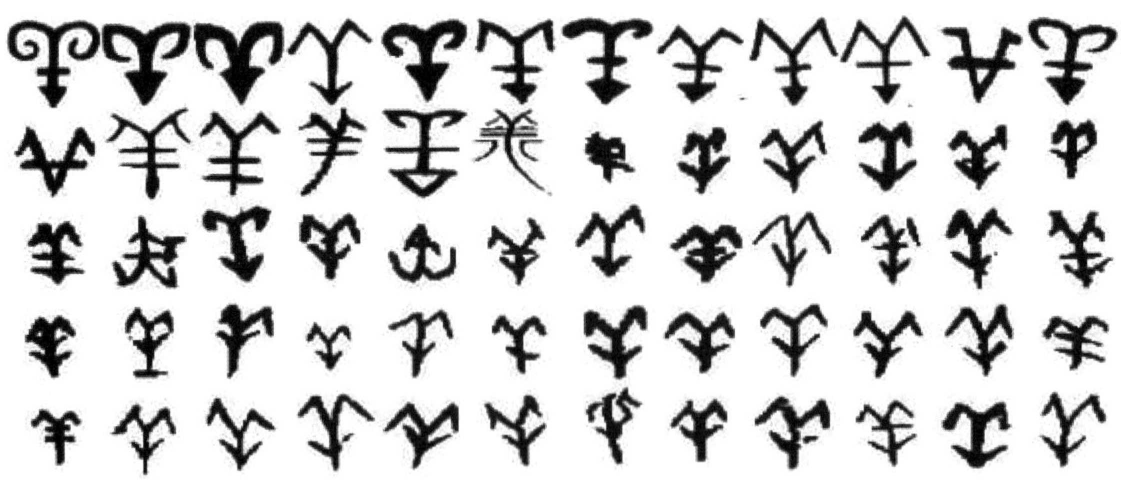

양(羊)의 금문과 갑골문자

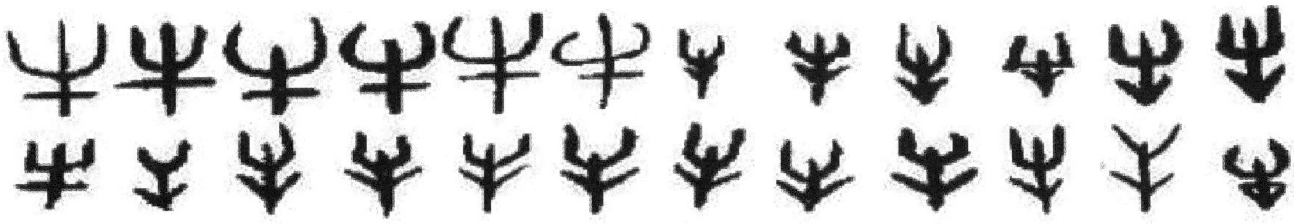

소 우(牛)의 금문과 갑골문

성경속의 희생 재물

야훼께서 만남의 장막에서 모세를 부르시고 말씀하셨다.

> 너는 이스라엘 백성에게 이렇게 일러라. 그들에게 이렇게 말하여라. 너희 가운데 누구든지 야훼께 예물을 바쳐야 할 경우에는, 가축 가운데서는 소나 양을 예물로 바쳐야 한다. 누구든지 소를 번제물로 바치려면 흠이 없는 수컷을 바치되 야훼께서 기뻐 받으시도록 만남의 장막 문간으로 끌어 다가 그 앞에 바쳐야 한다. 그리고 번제물의 머리에 손을 얹도록 하여라. 그러면 그것이 그의 죄를 벗겨주는 제물로 받아들여질 것이다. (레위기 1:1-4)

고할 고(告)는 희생 제물인 소를 신 앞에 드리고 소원을 말하거나 죄의 용서를 비는 입(口)이 합해진 대표적 회의(會意)문자이다.

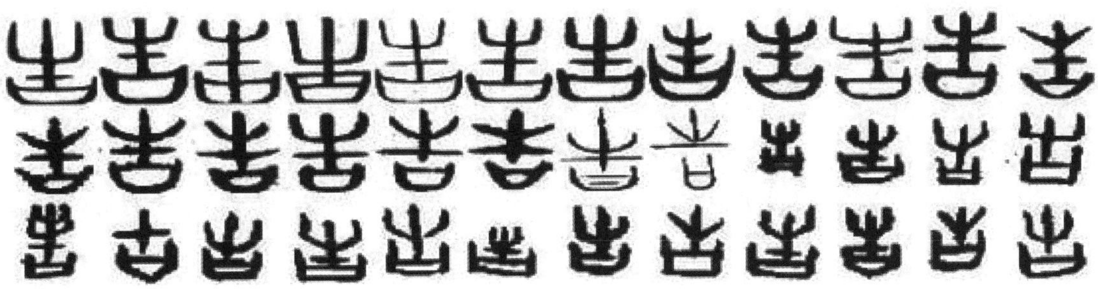

고할 고(告)의 금문과 갑골문

고할 고(告)의 금문과 갑골문

입 구(口)

입 구(口)의 금문과 갑골문

입 구(口)의 금문과 갑골문

말씀 언(言)

금문의 말씀 언( )은 신( )이라는 글자와 살아있는 사람을 뜻하는 먹는 입( )을 표현한 그림 글자이다.

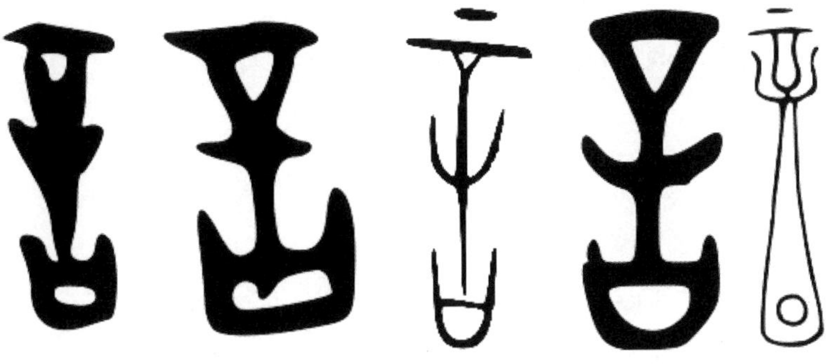

말씀 言 갑골문과 금문

정현(鄭玄127년~ 200년)은 "언(言)은 자기의 일을 말하는 것이고, 다른 사람 때문에 말하는 것은 어(語)이다. - 言, 言記事, 爲人說爲語"

가장 오래된 동양의 자전(字典)인 이아주소(爾雅注疏)에서는 언(言)을 '주로 시(詩)에 쓰며, 말할 언, 높을 언, 말씀 언, 여쭐 언' 이라고 기록하고 있다.

문자가 처음 만들어질 때는 인간이 아닌 신(神)이 중심이 되었음에도 시간이 흐름에 따라 신의 자리를 인간, 곧 통치자가 대신하게 되어 하나님 말씀 언(言)이 '나의 말'로 변천된다.

대학 경문 1장(大學 經文一章)을 갑골문과 금문으로 해석

大學之道 在明明德 在新民 在止於至善(대학지도)는 **재명명덕** 하고 **재친민** 하니 **재지어지선** 이라.

제사장(왕, 아버지)이 신(神)을 들고 있는 가운데 두 손으로 술잔을 바치고 그 제단 앞에 왕의 아들이 절하는 제사(예배)의 의미를 가르치는 것이 큰 학문(大學)이다. '하나님께서는 자신에게 찾아와 말(기도)을 하는 것을 바라보며 가슴 뛰며 즐거워한다.'는 창조주의 사랑을 명백히 밝혀야 한다. 그 하나님께 무릎 꿇고 눈물로 용서를 빌며 희생양을 바치고 하나님의 말씀을 듣는 것이 하나님과의 올바른(착한) 관계다.

9. 2천년 만에 밝혀지는 중용(中庸)의 진실

[대학]과 마찬가지로 [중용] 또한 본래 [예기(禮記)]의 한 장으로써 제31편에 들어있던 것이다. 총 49편으로 구성돼 있는 [예기] 가운데 제42편인 [대학]은 앞에서 과두문자로 해석한 바 하늘(天)에 드리는 제사, 곧 신께 드리는 제사의 의미를 밝히고 있다. 현대적으로 해석하면 예배의 의미를 설명한다고 할 것이다. 중용이 31편으로 먼저 서술되었고 대학이 41편으로 나중에 서술되었다.

중용(中庸)

동양철학의 백미는 바로 중용이고 중용을 한마디로 표현하면 정성 성(誠)이라 하였다. 그래서 그런지 중용만큼 난해하게 해석되는 대목도 없다.

가운데 중(中)의 갑골문

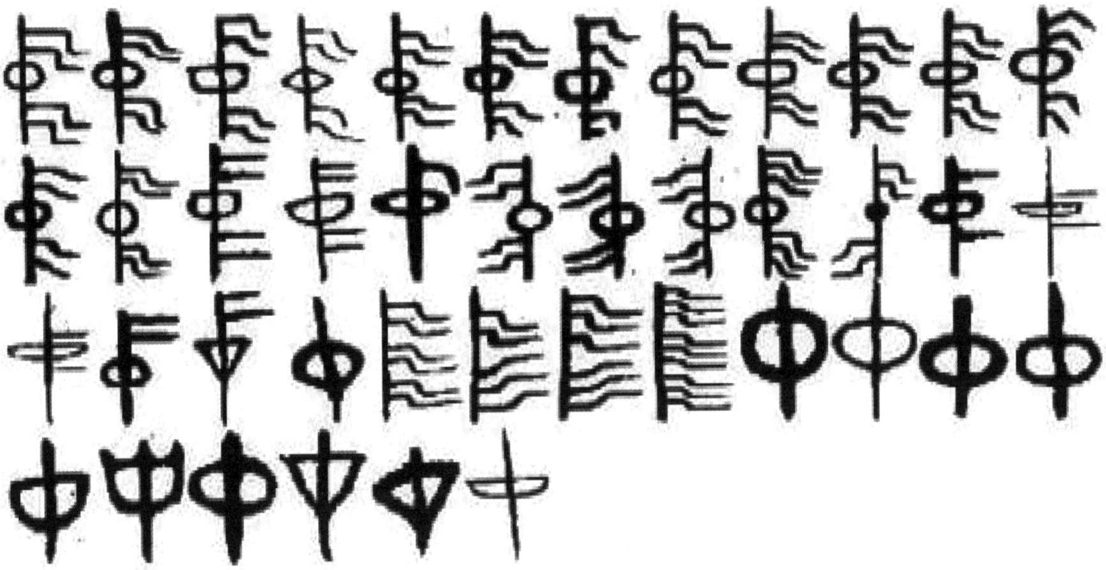

가운데 중(中)의 금문

중(中)은 가운데 중으로 해석되고 있으나 본래 중(中)의 뜻은 신(神)이 내려와 머무는 곳을 의미하고 있다.

중은 둥글게 원을 지어 무리를 지은 집단 가운데 긴 나뭇가지에 깃을 매달아 놓은 것이다. 깃발의 원형이다. 곧, 신이 내려와 있는 곳을 의미한다. 단옥재(段玉裁 1735 ~ 1815)또한 "갑골문에 보이는 '중(中)'자는 깃발이 펄럭이는 모양"이라고 하였다.

지금도 한국에서는 무당집을 표하는 것으로 긴 장대 끝에 형형색색의 깃발을 매달아 놓고 있다. 멀리서도 쉽게 그 깃발을 볼 수 있다. 전쟁에서 깃발의 의미 또한 마찬가지다. 전쟁에서 가장 앞에 서는 것은 깃발로 신이 앞장서서 전쟁을 이끌어 간다는 뜻이다. 그렇기 때문에 전쟁에서 패해 깃발을 탈취당하는 것은 신을 빼앗긴 것이기 때문에 새 깃발을 만들 수 없다. 빼앗긴 신을 되찾지 않고 새 신을 만드는 것이나 다름없기 때문이다. 깃발을 적에게 빼앗긴 군대는 깃발을 되찾을 때까지 깃발 없는 군대로 남아있게 된다.

중에 대한 의미는 용(庸)의 고대 글자를 살펴보는 것이 그 의미에 정확하게 하고 있다. 고대 글자들은 사람중심이 아닌, 신(神) 중심으로 해석해야 올바른 접근이 되는 까닭에 이 용(庸) 또한 사람의 쓰임이 아닌, 신과 연관된 글자로 해석함이 옳다.

쓸 용(用)이라는 글자와 중용(中庸)에서 쓰이는 떳떳할 용(庸)이라는 문자는 모두 쓸 용으로 해석되고 있다. 먼저 쓸 용(用)의 갑골문과 금문을 살펴보자.

쓸 용(用)의 갑골문

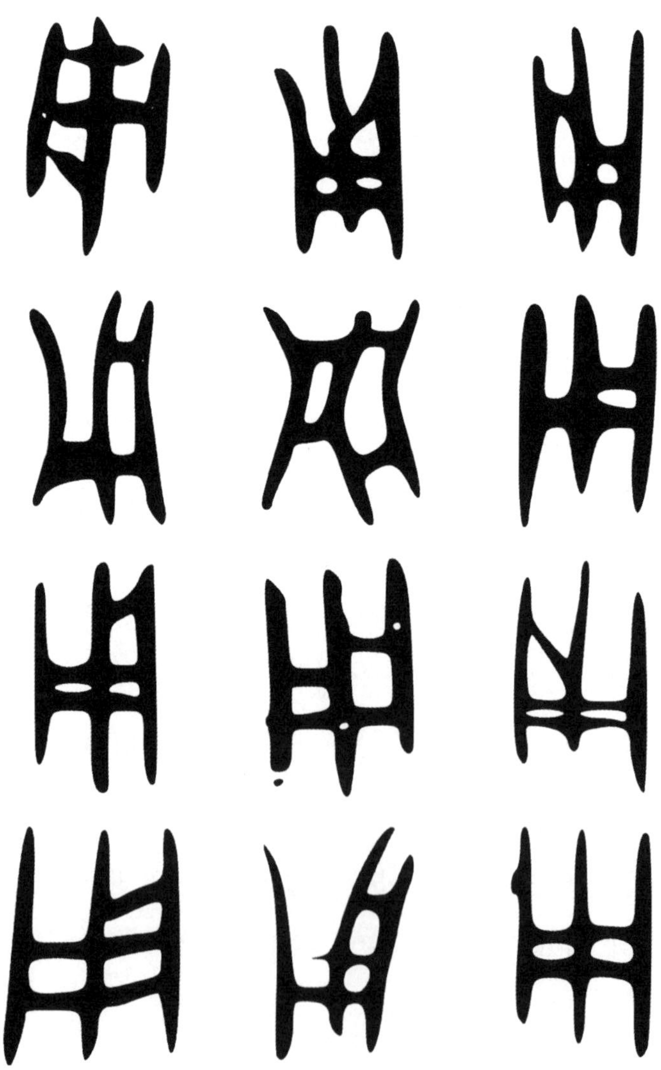

현대 디자이너 작품인 의자 같기도 하고 얼굴에 쓰는 가면 같기도 한 쓸 用의 갑골문은 금문자를 보면 그 뜻이 명확 해진다.

쓸 용(用)의 금문

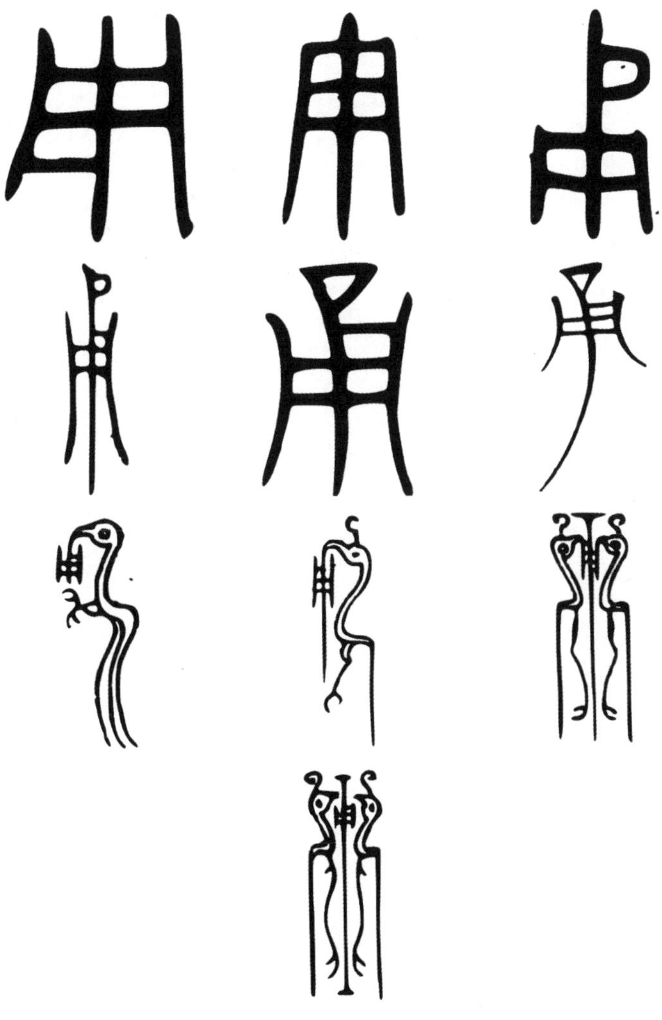

'사용(使用)하다'의 의미에서 사용되는 쓸 용(用)의 갑골문에서 그 쓰임이 모호했던 글자가 금문에서는 그 사용이 확연 해진다. 우두머리를 표시했던 수탉의 그림이 금문의 用 문자에서는 뚜렷하게 드러나고 있다. 쓸 用의 그림은 머리에 우두머리를 상징하는 무엇인가를 쓴 글자이다. 한국어에서 '쓰다'라는 단어는 사용하다 라는 의미 뿐만 아니라 '머리에 쓰다'라는 단어에도 사용되고 있다. '모자를 쓰다.' '왕관을 쓰다.'등의 쓰임에서 볼 수 있다.

1921년 발견된 국보 188호 신라 천마총 금관. 경주국립 박물관

국보 87호인 금관총 금관-경주 국립박물관

금령총 금관 -국립 중앙 박물관

서봉총 금관 -국립 경주 박물관

전 세계에서 출토된 10 점의 금관 가운데 한국에서 출토된 금관 8점이 대다수를 차지하고 있다. 이들 한국 금관의 특징이 용(用)문자의 갑골문자를 닮았다면 억측인가.

중용(中庸)에서 떳떳할 용(庸)자 또한 쓸 용(用)으로도 사용되고 있다.

떳떳할 용(庸)의 금문

떳떳할 용(庸)은 갑골문에는 보이지 않으나 금문에서 등장한다.

쓸 용, 떳떳할 용(庸)의 금문

중용의 중(中)과 용(庸)은 따로 쓰이는 것이 아니라 중용(中庸)이라는 한 단어로 해석되어야 한다. 신이 내려서 머물고 있는 장소인 중(中)의 용도를 표현한 글자가 용(庸)자이기 때문이다.

> 정현(鄭玄, AD 127년 ~ 200년)은 중용(中庸)의 뜻을 풀이하길 '중화(中和)의 작용이라고 밝히고 있다. '용(庸)이란 상(常)의 뜻이다.'고 풀이하며 용(庸)을 상(常)과 용(用) 두가지로 풀이하고 있다. <<경전석문(經典釋文)>>중에서

신이 내려 머무는 곳인 소도(蘇塗)에 대한 중국측의 기록을 살펴보는 것이 중용의 고문자와 솟대와의 관계를 보다 설득력 있게 증언하고 있다.

후한서(後漢書)동이열전-한(韓)

諸國邑各以一人主祭天神, 號爲「天君」. 又立蘇塗, 建大木以縣鈴鼓, 事鬼神.

여러 국읍(國邑)에 각기 한 명을 두어 천신(天神)에 제사하는 일을 주관하는데 그를 천군(天君)이라 한다. 또 소도(蘇塗)를 두는데 큰 나무를 세워 방울과 북을 매달고 귀신을 섬긴다.

魏志曰: 「諸國各有別邑, 爲蘇塗, 諸亡逃至其中, 皆不還之. 蘇塗之義, 有似浮屠.」 [위지]에 이르기를, '여러 나라들은 각기 별읍을 두어 소도라 하였는데 여러 도망자들이 여기에 이르면 모두 돌려보내지 않았다. 소도를 세운 뜻은 부도(종교회당)와 유사하다고 하였다.

진서(晉書)동이전(東夷傳)

俗信鬼神, 常以五月耕種畢, 聚歌舞以祭神; 至十月農事畢, 亦如之. 國邑各立一人主祭天神, 謂爲天君. 又置別邑, 名曰蘇塗, 立大木, 懸鈴鼓. 其蘇塗之義, 有似<西域>浮屠也, 而所行善惡有異.

풍속이 귀신을 믿고, 항시 5월에 밭갈고 씨 뿌림을 마치면 무리가 모여 노래하고 춤추는 것으로 귀신에 제사지낸다. 시월에 이르러 농사를 마치면 역시 이와 같다. 나라의 수도에 각 한사람이 천신에 제사지냄을 주제하는데, 이를 천군이라한다. 또한 나누어진 읍이 두는데 이를 '소도'라 한다. 큰 나무를 세우고 방울과 북을 매달았다. '소도'란 뜻은, 서역의 부도(절)과 같은데, 그 선악을 행함에는 다름이 있다.

소도와 유사한 내용이 성경에도 등장하고 있다.

아도니야도 솔로몬을 두려워하여 일어나 가서 제단 뿔을 잡으니 어떤 사람이 솔로몬에게 말하여 이르되 아도니야가 솔로몬 왕을 두려워하여 지금 제단 뿔을 잡고 말하기를 솔로몬 왕이 오늘 칼로 자기 종을 죽이지 않겠다고 내게 맹세하기를 원한다 하나이다 (열왕기상 1: 50-51)

성경속에서도 목숨을 부지하기 위해 제단으로 도망쳐 제단의 뿔을 잡아 생명을 구하는 대목이 사실적으로 기록돼 있다.

10. 중용을 한 글자로 표현하면 정성 성(誠)이라는 글자다

하루는 공자의 제자가 물었다. "왜 정성 성(誠)자를 사물의 처음과 끝이라 해석합니까?" 공자가 답했다. "그것은 나도 모른다. 고래로(古來 옛날부터) 그렇게 풀이해왔다."

정성 성(誠)자는 '하니님 말씀 언(彦)'과 '이룰 성(成)'으로 이루어져 있다. 고문자의 제작 원리만 알면 아이도 이해할 내용이다.

誠者自成也, 而道自道也。誠者, 物之終始。不誠無物。<중용(中庸) 25장>

지금까지 시도한 갑골문과 금문에 기초한 〈중용 제25장〉의 풀이는 '신의 말씀은 스스로 이루어진다. 그렇게 이루어지는 것 또한 스스로 가는 것이다. 신의 말씀은 사물의 처음과 끝이다. 신의 말씀이 이루어지지 않으면 만물도 없다.'가 된다.

동양학문들을 수 십년 익힌 뒤에나 터득할 수 있는 중용의 핵심을 불과 수 십여자의 갑골문과 금문 만으로 풀이할 수 있다면 필자의 갑골문과 금문풀이 시도가 전혀 틀린 방법은 아닐 것이다.

에필로그

주희가 태어나기 50년 전, 1081년 10월, 송나라(960–1279) 수도인 개봉(開封)에는 한 떼의 비잔틴 황제 사절단들이 도착했다. 이들 사절단은 미하일 7세(1050–1090, 로마 106대 황제)가 통치하던 때 출발했으나 당시 국제정세의 불안정으로 인해 여행기간이 늦춰지더니 수 년 동안의 우여곡절을 겪고 나서야 개봉에 들어설 수 있었다.

元豐四年十月, 其王滅力伊靈改撒始遣大首領你廝都令廝孟判來獻鞍馬、刀劍、真珠, 言其國地甚寒, 土屋無瓦。產金、銀、珠、西錦、牛、羊、馬、獨峰駝、梨、杏、千年棗、巴欖、粟、麥, 以蒲萄釀酒。樂有箜篌、壺琴、小篳篥、偏鼓。王服紅黃衣, 以金線織絲布纏頭, 歲三月則詣佛寺, 坐紅床, 使人舁之。貴臣如王之服, 或青綠、緋白、粉紅、褐紫, 並纏頭跨馬。城市田野, 皆有首領主之, 每歲惟夏秋兩得奉, 給金、錢、錦、穀、帛, 以治事大小為差。刑罰罪輕者杖數十, 重者至二百, 大罪則盛以毛囊投諸海。不尚鬥戰, 鄰國小有爭, 但以文字來往相詰問, 事大亦出兵。鑄金銀為錢, 無穿孔, 面鑿彌勒佛, 背為王名, 禁民私造。〈宋史卷四百九十 列傳第二百四十九外國六〉

온갖 보석과 왕들이 입는 옷처럼 화려한 색깔로 치장한 사절단들은 외양과는 달리 이들의 심정은 바짝바짝 마르고 있었다.

이들이 개봉에 도착하기 10년 전, 1071년 8월 26일, 지금의 터키, 마라즈키르트

(Malazgirt)에서 벌어진 전투(만지케르트 전투–Battle of Manzikert)에서 로마누스 4세 디오게네스 황제가 포로가 될 정도로 셀주크 투르크 제국 앞에 비잔틴 제국은 바람 앞의 촛불이었다.

비잔틴 제국의 수도인 콘스탄티노플에서는 부랴부랴 금은 보석을 잔뜩 싣고 셀주크 투르크와 오랜 대적관계에 있다는 동양의 송나라를 찾아 사절단을 파견하기에 이른다.

그 긴 여정에서 수 년 동안 우여곡절을 겪느라 이들이 처음 출발할 때 준비했던 예물들은 거의 빼앗겨버리고 겨우 남은 몇몇 보석을 팔아 송나라 수도에 들어서서야 황제를 알현할 때 바칠, 로마황제의 체면치레용 선물이나마 마련할 수 있었다.

로마 황제의 낙인이 찍힌 외교 문서가 송의 황제 앞에 펼쳐지자 송 황제궁은 발칵 뒤집혔다. 지금까지 한 번도 상상하지 못한 대제국의 설계도가 눈 앞에서 꿈틀대기 시작한 것이다.

그것은 비잔틴 제국과 송나라가 연합하여 세계를 양분하자는 어마어마한 계획서였다. 수 십년 동안 유럽의 국가들이 준비한 전쟁 예상도가 상세히 그려진 지도 앞에서 송 황실은 극한 혼란에 빠지고 만다. 비잔틴과의 연합파와 비연합파가 대립한 것이다. 그러나 이러한 대립은 얼마 못가 비연합파의 승리로 끝이 나고 말았다.

당시 송나라는 요나라와 서하 등 송(宋)을 위협하는 외민족들과 재물을 주고 산 평화가 지속됨에 따라 흘러 넘치는 재화와 높은 문화에 익숙해진 지배층에서는 또 다른 이민족들 간의 싸움에 끼어들고 싶지 않은 탓도 있었다. 무엇보다 이들 기득권자들은 주로 지주와 상인계급들이 중심으로 구성되었다. 이들 기득권 계층은 영세민을 보호하기 위해 대지주, 대상인을 억제하려는 왕안석파를 견제하기 위해 비잔틴과의 연합을 반대했던 것이 주 원인으로 풀이된다.

어쨌거나 송나라와의 연합 동맹군 협상에 실패한 비잔틴의 외교사절이 빈손으로 돌아가고 10여년이 흐르자, 송의 신종(宋神宗)황제 앞에 펼쳐졌던 대 전쟁 지도가 실제로 유럽에서 벌어지기 시작한 것이다.

11세기에서 13세기까지 전개된 기독교와 이슬람 세력 간의 십자군전쟁(1096-1291)이 유럽사를 통째로 바꾸는 결과를 낳을 때 동아시아 또한 전쟁으로 인한 급변이 기다리고 있었다.

중국 역사상 최고의 문명을 자랑했던 송나라가 황제 흠종(欽宗), 태상황(太上皇) 휘종(徽宗) 두 부자가 여진족이 세운 금나라에 끌려가 치욕스러운 삶을 마감한 정강의 변(靖康之變) 이 후, 흠종의 동생 조구(趙構)가 1127년 임안(현재 항저우)에서 남송을 세우고 몇 해 지나지 않아 주희가 태어난다. (1131년)

금나라와의 평화적 외교관계를 유지해오던 효종이 퇴위하던 1189년이 주희가 [중용장구] 서를 쓰던 해였다. 대책 없던 주전파 일원이었던 주희 또한 1195년에는 정치의 소용돌이에 휩쓸려 자신이 이룩해 놓았던 주자학(당시에는 도학으로 불림)도 탄압을 받기에 이른다. (경원위학지금)

근 천년 전 주희가 중용을 해석하며 썼던 [중용장구] 서문 가운데 한 구절로 글을 맺으려 한다.

> 熹自蚤歲卽嘗受讀而竊疑之沈潛反復蓋亦有年一旦恍然似有得其要領者
> 然後乃敢會衆說而折其衷旣爲定著章句一篇以俟後之君子
> ...(중략)...淳熙己酉春三月戊申新安朱熹序
>
> 희(여기서는 주자 자신)는 어려서부터 이 책을 읽으며 마음속에 의심을 품어 그 뜻에 대해 침잠 반복하다가 어느 날 홀연히 그 뜻을 푸는 요령이 생겼다. 이 후 여러사람의 얘기를 모아서 가다듬어 글 한 편(중용장구)를 지어 뒤에 오는 군자(학자)의

비평을 기다리기로 하였다.

주돈이, 정호, 정이 등 성리학의 법통을 잇는 주희가 환갑을 바라보는 58세(1189년)까지 학문적 의심을 풀기위해 침잠 반복하다가 깨달음이 아닌 요령을 터득한다? 요령이라 함은 자신의 학문적 족보가 아닌, 전혀 다른 학문적 접근 방법을 의미한 것일 터.

이러한 급변의 시대를 살았던 주희가 환갑을 목전에 두고 어느 날 창졸간에 깨달었던 학문의 새로운 요령은 무엇이었을까?

주희가 겪었던 인간 군상들의 무의미함의 연속선에서 새로운 안목을 열어준 것은 서양의 소식이 아니었을까? 200년 넘게 지속되고 있는 서양에서의 전쟁이 송나라에 들려오지 않을 수 없었다.

'대체 저들이 수 백 년을 목숨 걸고 싸우는 목적은 무엇인가? 그들의 신은 어떻게 생겼는가? ' 이미 당나라(618-907) 시절 네스토리우스파 기독교가 수도 장안에서 황제의 보호를 받으며 융성했던 시절이 있었다.

기독교과 이슬람이 한뿌리의 신을 섬기고 있으면서도 200년 넘게 전쟁을 지속하고 있다는 것은 그들 신에 대한 궁금증을 불러일으키기에 충분했다. 그것도 식자층 사이에서는 당연히 화젯거리가 되고도 남았을 것이다.

주희는 기독교에 등장하는 신의 개념을 유교속에서 홀연히 깨닫고는(旦恍然似有得其要領), 그 깨달음의 요체를 도학, 곧 성리학으로 완성시키지 않았을까. 신학의 동양식 이름인 성리학은 주희 사후 지금까지도 인간의 존재 방식에 대한, 동양철학의 핵심으로 그 장구한 세월이 흘러가고 있다.

서구에서 신 중심의 종교가 그리스 학문연구의 한 방법인 신학라는 테두리에 갇혀 그

빛을 잃어갈 때, 동양에서는 인류의 보편성에 호소한 신에 대한 해석이 시도된 것이라 할 것이다.

히브리 족속의 신에 대한 이해는 모세 오경에 정통했던 선지자들의 접근방법이 있음에도 불구하고 세속화된 왕과 그를 둘러싼 인간 군상들이 만들어 놓은 학문이라는 테두리 속에서 정통이라는 편견의 비호를 받으며 기득권화 되었고 결국 이들의 종교가 신과 멀어지는 가장 큰 수단으로 사용되어 온 것도 사실이다.

주희가 이룩해 놓은 성리학 또한 뜬구름 잡기 식 해석으로 진리와 멀어지게 하는 까마득한 세월이 난공불락의 편견의 성을 쌓아 놓았다.

'진리가 너희를 자유케 하리라.'에서의 진리가 인간 중심의 역사나 철학, 신학에서 찾아질 것이 아님을 알기에, 신에 대한 원초적 접근의 한 방법으로 필자는 대학과 중용의 핵심을 공자 당시 쓰였던 고대문자로 첫 발을 띄게 되었다.

필자의 20여 년의 몰두에도 불구하고 학문에 대한 일천함과 아둔함으로 인해 벗들과 여러 수많은 선대 학자들께 허물을 남김을 용서 하시라. 다만 단 한명이라도 이 책을 통해 '아침에 도 들으면 저녁에 죽어도 좋다.'를 체험하게 된다면 그것으로 족하다.

저자 **朴必立** [박운택]

1963 – 全北 益山 出生

1988 – 國立 全北大學校 人文大學 國語國文學科 卒業

1991 – 2013 英國 Euro Journal 記者

표지 그림 설명 : 창(戈)을 나타내는 고대문자

Book Design 참디자인